中华优秀传统文化融入商务英语教学的路径和实践研究

翁雨淋 著

中国原子能出版社

图书在版编目（CIP）数据

中华优秀传统文化融入商务英语教学的路径和实践研究 /
翁雨淋著. -- 北京 ： 中国原子能出版社，2022.11
ISBN 978-7-5221-2304-2

Ⅰ．①中… Ⅱ．①翁… Ⅲ．①中华文化－关系－商务
－英语－教学研究 Ⅳ．①K203②F7

中国版本图书馆CIP数据核字(2022)第213558号

中华优秀传统文化融入商务英语教学的路径和实践研究

出版发行	中国原子能出版社（北京市海淀区阜成路43号　100048）
责任编辑	张　磊　杨晓宇
责任印制	赵　明
印　　刷	北京天恒嘉业印刷有限公司
经　　销	全国新华书店
开　　本	787 mm×1092 mm　　　1/16
印　　张	12.75
字　　数	250千字
版　　次	2022 年 11 月第 1 版　　　2022 年 11 月第 1 次印刷
书　　号	ISBN 978-7-5221-2304-2　　　定 价　59.00 元

作者简介

　　翁雨淋，女，汉族，1983年6月出生，硕士研究生学历，副教授职称。2006年6月毕业于武汉科技大学英语专业，获文学学士学位；2009年1月毕业于武汉科技大学外国语言学及应用语言学专业，获文学硕士学位。现就职于湖州学院，为人文学院外语系专任教师，主要从事外语教学理论和商务英语等相关教学和科研工作。

前　　言

中华优秀传统文化是以中华民族为主体，在世代传承的民族生活繁衍中积淀凝聚而成的物质文化、精神文化、制度文化、行为文化等，是中华民族在世界文化中体现优势、站稳脚跟的根基。传承和弘扬中华优秀传统文化是所有炎黄子孙的义务，外语人才概莫能外。商务英语是英语和国际商务的交叉学科，是一种专门用途英语，商务英语研究的是国际商务中英语的应用规律和特点。我国的商务英语本科专业历经几十年的发展，目前正处于蓬勃发展阶段。《高等学校商务英语专业本科教学质量国家标准》指出，人文素养是商务英语专业学生的必备素养之一，而教学中融入中华传统文化是培养学生人文素养的重要途径。那么，将中华优秀传统文化融入商务英语教学，培养有家国情怀、全球视野、专业本领的复合型商务外语人才，就成为了当前商务英语人才培养和商务英语教育改革面临的重大课题。因此，我们迫切需要构建将中华优秀传统文化融入外语教学的有效路径并开展教学实践，积累和分享优秀案例，从而推动外语人才培养和外语教学改革。

基于此，本书对中华优秀传统文化融入商务英语教学的路径和实践进行探索研究。全书共设置六章：第一章通过梳理中华优秀传统文化的内涵与我国商务英语教学的发展脉络，分析"中国文化失语症"及其原因，引出中华优秀传统文化融入商务英语教学的意义；第二章围绕语言与文化的关系、外语教学中的目的语文化教学、外语教学中目的语文化与母语文化的兼容并举、母语文化在外语教学中的重要性、商务英语教学中文化教学的基本原则等方面对商务英语教学中的文化教学展开研究；第三章着重探讨中华优秀传统文化融入商务英语教学的内容；第四章分别从素质构成与发展途径两个方面对中华优秀传统文化融入商务英语教学的教师队伍建设进行论述研究；第五章内容包括中华优秀传统文化融入商务英语教学的理念、原则、方法与典型案例；第六章以 CIPP 评价模型和德尔菲法为理论指导，构建"四个评价主体＋四个维度"的综合评价指标体系。

　　本书体系完整、结构合理、内容翔实、语言通顺、例证丰富，注重调研实践和分析结论相结合，旨在推动我国外语人才培养和外语教学改革工作的进一步发展。

　　作者在撰写本书的过程中，得到了许多专家学者的帮助和指导，在此表示诚挚的谢意。由于作者水平有限，加之时间仓促，书中所涉及的内容难免有疏漏之处，希望各位读者多提宝贵意见，以便作者进一步修改，使之更加完善。

作者

目　　录

第一章　中华优秀传统文化融入
商务英语教学的背景分析

改革开放以来，我国的高等外语教育事业取得了卓越成就，为国家培养了大批优秀的外语人才。商务英语是英语和国际商务的交叉学科，它作为专门用途英语，研究国际商务中英语的应用规律和特点。我国的商务英语本科专业，从无到有，历经几十年的发展与创新，目前正处于蓬勃发展阶段。

基于此，本章将探讨中华优秀传统文化的内涵，回顾商务英语教学发展的各个历史阶段，通过总结中华优秀传统文化融入商务英语教学的现状，分析商务英语教学中中国文化失语的原因，引出中华优秀文化传统融入商务英语教学的意义。

第一节　中华优秀传统文化的内涵

文化是指人类在社会历史发展过程中所创造的物质财富和精神财富的总和，特指精神财富，如文学、艺术、教育、科学等。"文化，就是吾人生活所依靠之一切。俗常以文字、文学、思想、学术、教育、出版等为文化，乃是狭义的。文化之本义，应在经济、政治，乃至一切无所不包。"[①] "广义的文化，着眼于人类与一般动物、人类社会与自然界的本质区别，着眼于人类卓立于自然的独特生产方式，其涵盖面非常广泛，所以又被称作'大文化'。狭义的文化，排除人类社会历史生活中关于物质创造活动及其结果的部分，专注于精神创造活动及其结果，所以又被称作'小文化'。"[②] 从以上定义可以看出，文化包罗万象，内容极其丰富，一个民族所有的生产生活和行为方式，都是文化所包含的内容。语言也是文化的一部分，语言作为一种特殊的文化现象，与文化相互依赖，密

---

① 梁漱溟.中国文化要义［M］.上海：学林出版社，1987：26.
② 张岱年，方克立.中国文化概论［M］.北京：北京师范大学出版社，2004：33.

不可分。语言是文化的载体，而文化是语言的内容，文化依赖语言来传播。

中国文化，也称中华文化，是中华民族数千年发展过程中创造的、前后相继、不断发展和创造的物质文化、制度文化、思想文化等体现民族智慧的文化。根据李宗桂的《中国文化导论》，中国文化就是中国传统文化①。中华优秀传统文化是在中华民族长期发展过程中形成的，有着积极的历史作用，至今具有重要价值，体现民族精神和气魄，延续中华民族的精神血脉，拥有民族价值内涵的文化；是以中华民族精神为核心、以爱国主义为导向，蕴涵"天人合一""贵和尚中""守成创新""以人为本""和谐统一""自强不息"等一整套价值理念的整合；是涵养社会主义核心价值观的源泉，是能够推动社会进步的一切有重大价值的优秀精神成果的总和。

总之，中华优秀传统文化是中华民族历经沧桑而积淀传承下来的精华部分，是中华民族五千年文明智慧的基本元素和珍贵结晶。

第二节　商务英语与商务英语教学

一、商务英语的定义与内涵

商务英语教学具有跨学科的特点，国内外学者从不同角度定义了商务英语的内涵，但对商务英语的学科归属持有不同意见。Mark Ellis（马克·埃利斯）与 Christine Johnson 认为，商务英语是专门用途英语的分支，是商务环境中应用的英语，是从事或将要从事商务行业的专业人才所学习或应用的专门用途英语②。Nick Brieger（尼克·布里格）认为，商务英语的范围主要包括语言知识、交际技能、专业知识、管理技能和文化意识等核心内容，并强调商务英语教学应考虑三方面内容：教学（即开展培训活动）、英语（即语言和文化知识）和商务（理解特定程序和掌握学科知识）③。王立非与张斐瑞认为，商务英语包括普通英语、通用商

---

① 李宗桂.中国文化导论［M］.广州：广东人民出版社，2003：36.

② Mark E, Christine J.Teaching Business English［M］.Oxford：Oxford University Press, 1994：33.

③ Brieger N.Teaching Business English［M］.New York：New York Associates Publications, 1997：55.

务英语和专业商务英语，三者之间相互联系，商务和语言相互融合并形成有机整体①。林添湖认为，商务英语可归于经济学中应用经济学下属的国际商务之下②。曹德春认为，商务英语属于管理学学科范畴③。王立非与金钰钰则认为，商务英语专业应明确外语类专业的属性，是外国语言文学类专业④。

虽然学者们对商务英语的学科归属意见不一，但从以上的定义和分类来看，商务英语具有鲜明的跨学科特点，涉及应用经济学、管理学、外国语言文学等学科。总的来说，商务英语教学应以提高学生的商务英语语言运用能力、商务知识与实践能力，以及培养跨文化商务交际能力为教育目标。

二、商务英语教学的发展阶段

商务英语在我国有上百年的发展历史，最早可以追溯到 19 世纪 30—50 年代及 60—80 年代，分别以广州和上海为中心出现了两次英语热⑤。因为精通英语"始能为洋行买办，始能赴洋行写货，与西人交易"，所以民间商务英语教学应运而生，开创了我国大规模商务英语教学的先河，但早期的商务英语未涉及跨文化商务交际方面的教学，"课程价值取向显现为单一的、直接工具价值，缺少跨文化教育价值取向"⑥。

我国正规的英语教育可以追溯至晚清官办外语学堂的英语教学。1861 年 1 月开办的京师同文馆，以培养外语翻译、洋务人才为目的。1898 年 7 月 3 日，京师大学堂的创办（北京大学 1898—1911 年的曾用名）标志着中国近代国立高等教育的开端。京师大学堂的文学科下设置外国

① 王立非，张斐瑞.论"商务英语专业国家标准"的学科理论基础［J］.中国外语，2015（1）：13-18.

② 林添湖.试论商务英语学科的发展［J］.厦门大学学报（哲学社会科学版），2001（4）：143-150.

③ 曹德春.学科交融与商务英语专业内涵建设［J］.郑州大学学报（哲学社会科学版），2011（2）：105-107.

④ 王立非，金钰钰.《普通高等学校外国语言文学类专业本科教学质量国家标准》指引下商务英语教师专业核心素养阐释［J］.外语电化教学，2019（8）：61-66.

⑤ 邹振环.十九世纪下半期上海的"英语热"与早期英语读本及其影响［J］.档案与史学，2002（8）：41-47.

⑥ 粟高燕.论教育史学的人文价值及其实现［J］.湖北大学学报，2009（1）：131-135.

语言文字学，商务课下设商务语言学，率先开设的"富国策"课程，就是一种以语言为依托、侧重教授商务专业知识的内容型商务英语课程。

20世纪50年代，为满足经济贸易发展，我国在北京、上海、广州和天津创办了四所外贸学院，下设外贸英语专业，开设外贸英语函电、外贸英语会话、外贸应用文写作、进出口实务等核心商务英语课程。

2000年，中华人民共和国教育部（以下简称教育部）颁布《高等学校英语专业教学大纲》，对英语专业本科生应具备的文化素养和跨文化交际能力提出了要求，要求英语专业本科毕业生对中国文化有一定的了解，有较扎实的汉语基本功，具有较强的汉语口头和书面表达能力……教学中要注重培养学生对文化差异的敏感性、宽容性以及处理文化差异的灵活性。

2001年，中国加入世界贸易组织，经济全球化趋势日益增强，吸引外资和进出口贸易等国际商务活动快速增加，急需高层次的商务人才。在此背景下，教育部于2007年批准设置商务英语本科专业；到2013年，开办商务英语专业的高校有216所；到2016年，增至293所；到2017年，全国开办该专业的学校达到323所，年招生人数约50 000人，商务英语专业在此阶段迅速发展。在此阶段，教育部还颁布了一系列文件，来指导商务英语教学。

2009—2010年，教育部相继颁布《高等学校商务英语专业本科教学要求》《国家中长期教育改革和发展规划纲要（2012—2020年）》等指导性文件，要求狠抓本科教育人才培养中的主要问题，厘清人才培养目标、理念、社会需求，制订本科教学培养模式、教学内容和方法、质量保障与评估机制，切实提高人才培养的质量。

2012年，商务英语被列入《普通高等学校本科专业目录》（教高〔2012〕9号文）。

2014年，教育部颁布《教育部关于全面提高高等教育质量的若干意见》（教高〔2012〕4号），明确提出要制订实施本科专业类教学质量国家标准以提高高等教育的质量。这也是为确保商务英语专业的可持续发展，确保人才培养质量的举措。

2015年，教育部颁布和实施《高等学校外国语言文学类专业本科教学质量国家标准》，外国类专业下设62个本科专业，其中《英语类国标》包含英语、翻译和商务英语三个专业本科的教学质量国家标准。

2018年开始，商务英语教学在注重行业性和工具性的基础上，更加重视育人功能和思想政治教育功能。2018年，教育部发布《高等学校商务英语专业本科教学质量国家标准》，明确要求商务英语专业要突出商务语言运用、商务知识与实践、跨文化商务交际能力的人才培养特色，以培养具备国际化、复合型、应用性三大特点的复合型人才。商务英语学生应掌握五类知识与五类能力，即语言知识、商务知识、跨文化知识、人文社科知识、跨学科知识和英语应用能力、跨文化交际能力、商务实践能力、思辨与创新能力和自主学习能力，将熟悉中国语言文化知识纳入英语专业本科生培养规格的知识要求当中，并要求英语专业本科生具有中国情怀与国际视野。

2020 年 4 月，教育部颁布《普通高等学校本科外国语言文学类专业教学指南》，其中《普通高等学校本科商务英语专业教学指南》是外语类专业国家标准的重要组成部分。该指南明确了商务英语专业的学科理论基础和专业内涵，阐明"商务英语专业的培养目标是培养英语基本功扎实，具有国际视野和人文素养，掌握语言学、经济学、管理学、法学（国际商法）等相关基础理论与知识，熟悉国际商务的通行规则和惯例，具备英语应用能力、商务实践能力、跨文化交流能力、思辨与创新能力、自主学习能力，能从事国际商务工作的复合型、应用型英语人才，特别强调要以培养具有国际视野、中国情怀、创新精神的高素质人才为落脚点。专业素质要求包括正确的世界观、价值观、人生观、高尚品德、人文与科学素养、家国情怀和全球视野、社会责任感、敬业与合作精神、创新创业精神和健康的身心。专业知识要求包括语言知识、商务知识、跨文化知识、人文社科知识、跨学科知识，其中的跨文化知识包括中外文学知识、中外文化知识、中外商业文化知识等。专业能力要求包括英语应用能力、跨文化交际能力、商务实践能力、思辨与创新能力、自主学习能力"[①]。《普通高等学校本科商务英语专业教学指南》进一步明确要求"完善具有中国特色、中国风格、中国气派的英语教育体系，培养具备中国情怀、国际视野、坚定的中国文化自信，在文明的交流互鉴中坚守中华文化立场，讲好中国故事、传播好中国声音的英语专业人才"[②]。该教学指南对高校适应区域经济社会发展需求，发展学科优势和特色，科学合理地优化专业培养方案，开展商务英语教学，并在教学中融入中华优秀传统文化教育具有重要的指导意义。

[①] 王立非，葛海玲. 我国英语类专业的素质、知识、能力共核及差异：国家标准解读 [J]. 外语界，2015（5）：2-9.

[②] 王立非，葛海玲. 我国英语类专业的素质、知识、能力共核及差异：国家标准解读 [J]. 外语界，2015（5）：2-9.

2020年6月，教育部正式印发《高等学校课程思政建设指导纲要》，标志着课程思政进入了全国范围全高校全学科全面推进的新阶段。专业课要根据学科专业特色和优势，深入研究不同专业的育人目标，深度挖掘、提炼专业实质体系中蕴含的思想价值和精神内涵，科学合理地拓展专业课的广度、深度和温度。商务英语专业课程思政是构筑育人大格局的重要环节，也是实现商务英语专业高质量发展的有效路径，开展商务英语专业课课程思政建设具有重要的理论和现实意义。《高等学校课程思政建设指导纲要》指出，中华优秀传统文化教育是课程思政建设的重要内容之一。可见，外语类专业和大学外语学生不仅应熟悉中华优秀传统文化的精髓，而且肩负着对外传播的使命。

截至2022年，我国开设商务英语本科专业的高校已经有400多所[①]。在校学生数量的增多和新时期的国际环境，对商务英语人才的国际视野、理想价值、使命担当和知识能力提出了更高要求。

在新的时代背景下，商务英语专业课是课程思政的重要载体，而弘扬和传承中华优秀传统文化是推进课程思政和培养学生文化内涵和精神品质的必然要求。因此，如何将中华优秀传统文化融入商务英语教学，培养有家国情怀、全球视野、专业本领的复合型商务外语人才，是当前商务英语专业人才培养和教育改革工作者们面临的重大课题。

第三节　中华优秀传统文化融入商务英语教学的现状

一、外语教学中出现的"中国文化失语症"

新时代的商务英语人才应该是中华优秀传统文化的表达者、传承者和发展者，具有浓厚的中国情怀和扎实的民族文化底蕴和文化自信，掌握好外语技能，讲好中国故事，在国际舞台上自觉地承担起维护国家利益和民族尊严的担当和使命。但是，20世纪60年代以来，我国外语教学中的"文化教学"一直侧重于目的语文化，强调英语文化的输入，忽视

---

① 邵珊珊、王立非. 商务英语本科专业教育质量评估指标体系构建与验证研究［J］. 外语界，2022（05）：41-49.

了中华传统文化，师生双方都将焦点放在目的语的文化输入上，导致学生在跨文化交际时，无法用英语准确流利地介绍中华优秀传统文化，以至于出现"中国文化失语症"。

"中国文化失语症"最早由从丛教授于2000年在《"中国文化失语"：我国英语教学的缺陷》一文中提出。从丛教授认为，"中国文化失语症"是指外语教学中侧重英语世界的文化内容，但是忽视了对作为交际主体一方的中国文化的教学，由此导致许多英语水平较高的学习者在跨文化交际中，不能很好地用英语表达母语文化知识，因此应该将中国文化的英语表达融入各层次英语教学中[①]。

从丛教授的文章引起了外语界其他众多研究者的关注。学者们采用测试、访谈、问卷等对大学生的"中国文化失语现象"进行实证研究，结果表明：第一，受试者不具备"用英语陈述具有中国文化特色事物的能力"[②]，如用英语表达中国常见的食物以及介绍中国传统节日和历史名胜古迹等的能力。第二，"有相当英文程度的中国青年学者，在与西人交往过程中，始终显示不出来自古文化大国的学者所应具有的深厚文化素养和独立的文化人格"[③]。第三，"无论是就中国文化本身的内容，还是中国文化的英语表达而言，英语专业教师的知识都有一定的欠缺，这种知识欠缺必然会影响到英语专业学生的学习"[④]。周晔昊与李尔洁、贾和平、武建萍与苏雪梅等学者的研究表明，商务英语专业学生也存在中国传统文化失语现象，学者们一致认为要将中华优秀传统文化融入商务英语教学中[⑤-⑦]。

① 从丛.中国文化失语：我国英语教学的缺陷［N］.光明日报，2000-10-19.

② 张为民，朱红梅.大学英语教学中的中国文化［J］.清华大学教育研究，2002（1）：34-40.

③ 从丛.中国文化失语：我国英语教学的缺陷［N］.光明日报，2000-10-19.

④ 邓文英，敖凡.英语专业学生的中国文化失语症分析［J］.兵团教育学院学报，2005（4）：58-61.

⑤ 周晔昊，李尔洁.从"中国文化失语症"反思商务英语教学：也谈商务英语专业学生的中国文化意识培养［J］.考试与评价（大学英语教研版），2016（2）：3-6.

⑥ 贾和平.中国传统文化在商务英语专业教学中的缺失与对策［J］.湖北成人教育学院学报，2019（3）：39-42.

⑦ 武建萍，苏雪梅.商务英语专业学生"中国文化失语症"问题研究［J］.中国民族博览，2020（12）：126-127.

二、商务英语教学中中国文化失语的现状

距离从丛教授提出"中国文化失语症"至今已经有 20 余年，在全面推进高校课程思政的大背景之下，商务英语专业教学中中国文化的教学现状是怎样的？商务英语教师对在商务英语专业课程中融入中国文化教学的态度是怎样的？商务英语专业学生对于中国文化知识的掌握情况如何？商务英语专业学生用英语表达中国文化的能力如何？商务英语专业学生对在商务英语专业课中融入中国文化的态度如何？为了解商务英语教学中中国文化教学的现状，作者以《中国文化概论》《英语畅谈中国文化》以及中华优秀传统文化知识竞赛的试题库为参照，设计了针对商务英语专业学生的中国文化知识和用英语对中国文化知识进行翻译和表达的测试卷、商务英语专业学生中国文化失语现象调查问卷以及商务英语教师对将中国文化融入商务英语教学的态度及期待的调查问卷，旨在了解商务英语教学中中国文化失语的现状，并针对现状分析原因，进而提出解决问题的路径和方法，助力于商务英语教学改革和商务英语专业人才培养规格的提升。

（一）研究问题

商务英语专业学生中国文化失语现象调查研究主要围绕以下问题来展开：

第一，商务英语专业学生对中国文化的了解情况及对中国文化知识的掌握情况是怎样的？

第二，商务英语专业学生用英语对中国文化知识进行翻译和表达的能力如何？

第三，商务英语专业学生对将中国文化融入商务英语教学的态度如何？商务英语专业学生对将中国文化融入商务英语教学有何种期待？

第四，商务英语教师对将中国文化融入商务英语教学的态度如何？商务英语教师对将中国文化融入商务英语教学有何种期待？

（二）研究对象

本研究的研究对象包括湖州学院、武汉学院和武汉文理学院三所高校的商务英语专业本科生及其商务英语教师。

（三）研究工具

第一，针对商务英语专业学生的中国文化知识和用英语对中国文化知识进行翻译和表达的测试卷，由商务英语专业学生填写完成，测试卷一共有 27 个小题。根据勒萨德·克劳斯顿的文化测试理论，文化测试应包括文化知识、文化意识和文化技能，本研究主要是对文化知识进行测试。测试卷分为两部分：第一部分是针对商务英语专业学生对中国文化知识的了解和掌握程度的测试，从第 1 题到第 25 题，题型有单项选择题和多项选择题，每一题 4 分，总分 100 分；第二部分是商务英语专业学生对中国文化知识进行翻译和表达的测试，为第 26 题和第 27 题，这两题均为翻译题，需要将两段有关中国文化的介绍从汉语翻译成英文，每一题 50 分，翻译题共计 100 分，整个测试卷满分共计 200 分。测试卷的内容涵盖中国的传统节日及饮食文化、中国的历史及传说故事、中国的地理文化、中医知识、中国传统的绘画戏曲等艺术、中国的历史文化名人及哲学思想、中国古代的经典名著、中国的建筑等。

第二，针对商务英语专业学生对将中国文化融入商务英语教学的态度及期待的调查问卷，由商务英语专业学生填写完成。调查问卷一共有 21 题。

第三，针对商务英语教师对将中国文化融入商务英语教学的态度及期待的调查问卷及访谈，由商务英语教师参与和填写完成。

（四）问卷发布与数据收集

在问卷星网站创建针对商务英语专业学生的中国文化知识和用英语对中国文化知识进行翻译和表达的测试卷，然后将生成的问卷地址链接或二维码转发到三所学校的商务英语专业班级 QQ 群中，将针对商务英语教师对将中国文化融入商务英语教学的态度及期待的调查问卷发布到教师的工作群中，在学生和教师填写完毕以后，查看问卷星网站的试卷填写情况。最终，针对商务英语专业学生的中国文化知识和用英语对中国文化知识进行翻译和表达的测试卷有 71 份，针对商务英语专业学生对将中国文化融入商务英语教学的态度及期待的调查问卷有 84 份；针对商务英语教师对将中国文化融入商务英语教学的态度及期待的调查问卷有 9份，9 名教师均参与一线教学，教龄在 5 年以上，具有丰富的教学经验，邀请这 9 名教师进行访谈。

（五）结果描述与分析

从问卷星的反馈信息可以发现，此次参与调查问卷填写的学生有商务英语专业 2022 级、2021 级、2020 级、2019 级，大学 4 个年级的学生都有覆盖到，各自的比例分别为：4.77%、22.62%、36.9% 和 35.71%，以 2019 级和 2020 级两个年级的学生为主，2020 级的学生参与数量最多，2022 级的学生参与人数最少。

1. 商务英语专业学生对中国文化知识的了解和掌握现状

问卷星的统计结果如图 1-3-1 所示，参与此次问卷填写的学生有效人数为 71 人，平均分为 48.59（满分 100 分）。其中，0 ～ 29.9 分数段人数为 12 人，30 ～ 59.9 分数段人数为 42 人，60 ～ 89.9 分数段人数为 15 人，90—100 分数段人数为 2 人，大部分学生的得分在 30 ～ 59.9 分数段，平均分不足 50 分，平均分较低。这说明整体上学生的中国文化知识的储备不足，商务英语专业学生对中国文化知识的了解和掌握现状不容乐观。

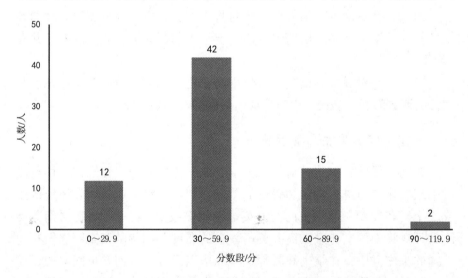

图 1-3-1　中国文化知识测试卷分数段和人数分布图

此次测试卷的内容涵盖中国的传统节日及饮食文化、中国的历史及传说故事、中国的地理文化、中医知识、中国传统的绘画戏曲等艺术、中国的历史文化名人及哲学思想、中国古代的经典名著、中国的建筑等。从题型的正确率来看，在中国的历史及传说故事、中国地理文化知识方面，正确率较高。例如，第 5 题考察我国四大传说故事，正确率为 73.24%；

第4题有关苏武牧羊和"鸿雁传书"的历史故事，正确率为47.89%；第2题，中华民族的摇篮是黄河流域，正确率为83.1%。有关中国的建筑方面的题目，正确率也较高。例如，第21题考察傣族建造竹筒楼的原因，正确率有60.56%。有关中国古代的经典名著相关知识的题目，正确率也比较高。例如，第18题是对十三经的考察，正确率为50.7%；第19题对于中国文学史上的"三玄"的考察，正确率为50.7%；第7题对李清照作品特点的考察，正确率有64.79%。这可能是得益于学生在高中阶段对于历史课程、语文课程、地理课程的学习，高中阶段的知识积累拓展和丰富了学生的中国文化知识。中医知识、中国传统的绘画戏曲等艺术知识方面的题目，学生的得分率不高，正确率都在50%以下。例如，第6题有关中医里面的"五术"，正确率为40.85%；第12题考察古代中国画的重要特征，正确率为33.8%；第13题考察中国古代戏曲有关"梨园子弟"的称号的出处，得分率只有32.39%。这可能是学生在平时的学习中，对于中医、中国传统的绘画戏曲等艺术接触和了解得不多，也很少有考试会涉及这些方面的知识，所以学生在这些方面知识储备不足。有关中国的历史文化名人及哲学思想的题目，正确率也不高。例如，第15题考察有关孟子、孔子、庄子和老子及各自的哲学思想，正确率为40.85%。学生对饮食文化方面的知识掌握得较好。例如，第11题考察中国八大菜系的相关知识，正确率有64.79%。从问卷的统计结果来看，学生的中国文化知识储备不够，对中华优秀传统文化的学习和知识储备还有待进一步加强。测试卷中中国文化知识考点及正确率的数据统计具体见表 1-3-1。

表 1-3-1　测试卷中中国文化知识考点及正确率的数据统计

中国文化知识考点	题号	正确率
中国的传统节日及饮食文化	1	7.04%
	11	64.79%
中国的历史及传说故事	4	47.89%
	5	73.24%
	25	63.38%
中国的地理文化	2	83.1%
	10	28.17%

中国文化知识考点	题号	正确率
中医知识	6	40.85%
中国传统的绘画戏曲等艺术	9	71.83%
	12	33.8%
	13	32.39%
	22	39.44%
中国的历史文化名人及哲学思想	8	49.3%
	15	40.85%
	16	42.25%
	24	53.52%
中国古代的经典名著	7	64.79%
	17	33.8%
	18	50.7%
	19	50.7%
	23	43.66%
中国的建筑	21	60.56%
成语、习语中的文化常识	3	38.03%
	14	59.15%
	20	26.76%

2. 商务英语专业学生用英语对中国文化知识进行翻译和表达的现状

问卷星的统计结果显示，参与此次问卷填写的学生有效人数为71人。因为是主观翻译题，采取人工评阅的方式进行判分。以全国大学生英语四六级（CET4/CET6）的翻译评阅标准为指导，采取"总体评分"（global rewarding）为主、"量化评分"为辅的评分原则进行评分。阅卷老师先通读整篇译文，根据"总体评分"的原则，先确定其所归属的档位，然后仔细阅读译文，寻找译文中的扣分点，根据"量化评分"的原则，以此来确定最终的分数。汉译英的评分标准具体见表1-3-2。

表 1-3-2　汉译英的评分标准

档位	评分标准
第一档 41 ~ 50 分	译文准确表达了原文的意思。用词贴切，行文流畅，基本上无语言错误，仅有个别小错误
第二档 31 ~ 40 分	译文基本上表达了原文的意思。文字通顺、连贯，无重大语言错误
第三档 21 ~ 30 分	译文勉强表达了原文的意思。用词欠准确，语言错误较多，其中有些是严重语言错误。
第四档 11 ~ 20 分	译文仅表达了一小部分原文的意思。用词不准确，有较多的严重语言错误
第五档 1 ~ 10 分	译文支离破碎。除个别词语或句子外，绝大部分文字都没有表达原文意思
第六档 0 分	未作答，或只有几个孤立的词，或译文与原文毫不相关

　　此次问卷中的第 26 题是一段汉译英翻译练习，内容是关于《论语》的简介，长度为 114 个汉字。从问卷星平台上学生提交的答案来看，有 12 名被试者的译文属于第六档，其中有 6 名被试者提交了空白卷；有 4 名被试者只能译出少量的单词，没有完整的句子；有 2 名被试者填写了与原文毫不相干的内容。例如，有一份问卷中，此题只提交了一个单词 "sorry"，另一份问卷中提交的单词为 "the ancient confusing"。还有 2 份问卷中提交的是与原文毫不相干的汉字，如 "好难" "《论语》我就不知道咋说"。有 30 人的译文属于第五档，译文支离破碎，除个别词语或句子，绝大部分文字都没有表达原文意思。例如，有一份问卷中，该题只提交了一个句子，即 "The Lunyu of Confucicus, one of the classic works of the Confusions, which records the say and deeds of Confusion and his." 该译文中将《论语》翻译成 "Lunyu" 不准确，将孔子翻译成 "Confucicus" "Confusions" "Confusion" 不准确。译文中缺少谓语动词，句子支离破碎，不能表达原文的意思，段落中很多信息没有翻译，译文不完整。有 13 名被试者的译文属于第四档，译文仅表达了一小部分原文的意思，用词不准确，有相当多的严重语言错误。例如，有一份问卷中，该题提交的译文为 "It is one of the classic work of the confucian school, it's records the words and the deeds of Kongzi and his brother's

indeed important Kongzi mean idea about kind, credit and polite and wise which kind is the core value moral mind is about loving their parents and respect their brothers if this mind can extend others in social, building a harmony relationship in people each other is completed." 该译文中有相当多的严重语法错误，尤其是谓语部分的错误较为明显，有多处用词不准确。例如，将孔子翻译成汉语拼音"Kongzi"，将弟子翻译成"brother"，"仁、义、礼、智"分别翻译成了"kind, credit and polite and wise"，此处本来应该译成名词，却译成了形容词，"义"译成"credit"，不准确。有8名被试者的译文属于第三档，译文勉强表达了原文的意思，用词欠准确，语言错误相当多，其中有些是严重语言错误。例如，有一份问卷中，该题提交的译文为"The Analects of Confucius is one of classics work of Confucian school, it records some words and deeds of Confucius and his pupil.It imparts the main ideas of Confucianism: benevolence, righteousness, courtesy and wisdom. Benevolence is the core value of Confucianism. In the rest of society, harmony relationships are established between people." 该译文中第一句为流水句，"Confucian school"后面应该改为句号。译文将"弟子"翻译成"pupil"用词欠准确，"harmony relationships"中的应该改为"harmonious relations"更为合适，介词"between"应该改为"among"。整体来说，该译文勉强表达了原文的意思，但是存在重大语法错误和用词不准确的问题。有6名被试者的译文属于第二档，译文基本上表达了原文的意思，文字通顺、连贯，无重大语言错误。例如，"The Analects of Confucius is one of the classic works of the Confucian school. It records the words and deeds of Confucius and his disciples and imparts the main Confucian ideas: benevolence, righteousness, courtesy and wisdom. Benevolence is the core Confucian values. Benevolence means love for parents and respect for elder brothers, and if this affection for family members is extended to the rest of society, harmonious relations between people are established." 该译文基本上传达了原文的意思，译文连贯，意思表达清清楚楚，无重大语言错误，有个别小错误，个别句子可以稍作调整和优化。第一句里面的"The Analects of Confucius is"需要改成"The Analects of Confucius were"，"Benevolence means love for parents and respect for elder brothers"改成"Benevolence means loving for parents and respecting for elder brothers"会更好。有2名被试者的译文属于第一档，译文准确表达了原文的意思，用词贴切，行

文流畅，基本上无语言错误，仅有个别小错。例如，"The Analects are one of the Confucian classics. The book records the sayings and behaviors of Confucius and his disciples. It teaches the central theme of Confucianism including humaneness, righteousness, propriety, and wisdom, of which humaneness is Confucius' kernel value. Humaneness is taken as love for parents and respect for elder brothers. If the emotion for family members are extended to other people in the society, harmonious relationships among people will be established." 该译文准确地传达了原文的意思，用词准确，句子连贯，基本上没有语言错误，仅有个别小错。例如，句子 "The Analects are one of the Confucian classics." 中，将 "are" 改成 "were" 从时态上看更为合适。再如，句子 "If the emotion for family members are extended to other people in the society, harmonious relationships among people will be established." 中，将 "emotion" 改成 "feelings" 更为准确。

此次问卷中的第 27 题是一段汉译英翻译练习，内容是关于中国菜的简介，长度为 130 个汉字。从问卷星平台上学生提交的答案来看，有 10 名被试者的译文是属于第六档，其中有 5 名被试者提交的空白卷，有 3 名被试者只能译出少量单词，没有完整的句子，有 2 名被试者填写了与原文毫不相干的内容。例如，有一份问卷中，此题仅仅只提交了两个单词 "Chinese food"，另一份问卷中提交的单词为 "Chinese dishes"，还有 2 份问卷中提交的是与原文毫不相干的内容，如"好难""空"。有 18 名被试者的译文是属于第五档，译文支离破碎，除个别词语或句子，绝大部分文字没有表达原文意思。例如，"Famous in world is the power of words cuisine and is praised as the words most famous and healthy food. The warranty of confusing system and producing way is all different the forming. In didn't is color form and perfume. It's basic elements-color, shape, fragrant, and taste, which decides the quality of food. The taste of food from northeastern in China are varied, the colors are sufficient, the looking are good. But the tariffs of cuisine in the south is mortally soft, colors are beautiful, keep the original taste of the food." 该译文中绝大部分句子都有不同类型的语言错误。例如，第一句中的 "Famous in world is the power of words cuisine"，句子主语不明确，不连贯，"words" 可能是想写单词 "world"，由于疏忽而导致拼写错误。第二句 "The warranty of confusing system and producing way is all different the forming." 没有表达出原文的意思，句子不连贯。第三句 "In didn't is color form and perfume."也没有表达出原文的意思，可能是因为被试者是用手机提交的答案，出现了拼写错误。第四句"It's basic elements-color, shape, fragrant, and taste, which decides the quality of food."中，应该用"its"还不应该用"it's"，单词"which"在此处应该删掉，句子可以改写成"It's basic elements-color, shape, fragrant, and taste, decide the quality of food."。第五句"The taste of food from northeastern in China are varied, the colors are sufficient, the looking are good."是流水句，"The taste of food from northeastern in China are varied"的主谓不一致。第六句"But the tariffs of cuisine in the south is mortally soft, colors are beautiful, keep the original taste of the food."中，"tariffs"是单词拼写错误，句子不通顺、不连贯。有20名被试者的译文是属于第四档，译文仅表达了一小部分原文的意思，用词不准确，有相当多的严重语言错误。例如，"Chinese food are well known to the world. It is the pearl of world cuisine, and it was considered as the most healthy food worldwide. Because it boasts different kinds of cuisines, there are many various ways to cook it. Its four great components-colour, shape, smell and taste, decide its quality. North food is characterized by various taste, abundant colors and beautiful shape, while south food is characterized by light taste, bright color and raw taste of the ingredients."该译文用词不准确，有很多严重的语言错误。第一句"Chinese food are well known to the world."主谓不一致，"food"是不可数名词，应该改成"Chinese food is well known to the world."。第二句中"it was considered as the most healthy food worldwide."形容词的最高级使用错误，应该改为"it was considered as the healthiest food worldwide."。第三句"there are many various ways to cook it"中的代词"it"指代错误。最后一句中用词不准确，"North food"应改为"Northeast Chinese cuisine"，"south food"应改为"Southern cuisine"，"raw taste"应改为"original taste"。

有10名被试者的译文是属于第三档，译文勉强表达了原文的意思，用词欠准确，语言错误相当多，其中有些是严重语言错误。例如，"Chinese cuisine enjoys a good reputation in the world, is the pearl of world cuisine, and is respected as the healthiest food in the world. There are many cuisines and different cooking methods. Its four elements, color, shape, aroma and taste, determine the quality of dishes and are the criteria for judging their level. The taste of northeast China cuisine is be most changeful, rich in color and beautiful in shape. Southern cuisine is characterized by light taste and bright color, which retains the original taste of ingredients." 该译文的第一句中，"is the pearl of world cuisine" 要改成 "and is the pearl of world cuisine"，整体而言第一句的连贯性不强。倒数第二句 "The taste of northeast China cuisine is be most changeful, rich in color and beautiful in shape." 的谓语部分有严重语法错误，译文整体上勉强表达了原文的意思。有 9 名被试者的译文属于第二档，译文基本上表达了原文的意思，文字通顺、连贯，无重大语言错误。例如，"Chinese food is world-famous, the pearl of world cuisine, and is regarded as the healthiest food in the world. There are many cuisines and different cooking methods. Its four elements-color, shape, aroma and taste-determine the quality of a dish and are the standard to judge its level. Northeastern cuisine in China has varied tastes, rich colors and beautiful shapes. Southern cuisine is characterized by light taste and bright color, which retains the original taste of ingredients." 该译文句子通顺连贯，很清楚地传达了原文的意思，而且没有重大的语言错误。有 4 名被试者的译文是属于第一档，译文准确表达了原文的意思。用词贴切，行文流畅，基本上无语言错误，仅有个别小错。例如，"As the pearl of world cuisine, Chinese cuisine enjoy a high reputation and is regarded as the healthiest food in the world. It has various cooking styles and its cooking techniques are also diverse. Its four major elements of color, shape, aroma, and taste determined the quality of the dish and also are the criteria for judging its quality. Northeast Chinese cuisine has a variety of flavors, rich colors and beautiful shapes. On the other hand, Southern cuisine is characterized by light taste and bright color retaining the original taste of the ingredients." 该译文很好地传达了原文意思，句子流畅连贯，基本上无语言错误，仅有个别小错。例如，"Northeast Chinese cuisine" 改成 "Northeastern Chinese cuisine" 更合适；最后一个句子的 "On the other hand" 使用不当，改成 "while" 会更好。

从问卷测试的整体情况来看，商务英语专业学生具备一定的翻译技巧，能够应用增词、减词、词类转换等翻译技巧进行段落翻译，但是对中国文化方面的理解力和文化翻译技巧有待进一步提高。

3. 商务英语专业学生对将中国文化融入商务英语教学的态度及期待

作者针对商务英语专业学生对将中国文化融入商务英语教学的态度

及期待进行调查问卷设计，并由 84 名商务英语专业学生填写完成。调查问卷一共有 21 题，具体情况如下。

（1）您的年级是：［单选题］

选项	小计	比例
A.2022 级	4	4.77%
B.2021 级	19	22.62%
C.2020 级	31	36.9%
D.2019 级	30	35.71%
本题有效填写人次	84	

参与此次问卷调查有效填写人数为 84 人，均为商务英语专业本科学生，分别来自 2022 级、2021 级、2020 级、2019 级，大学 4 个年级的商务英语学生都有覆盖到，各自的比例分别为：4.77%、22.62%、36.9% 和 35.71%，以 2019 级和 2020 级两个年级的学生为主，2020 级的学生参与数量最多，2022 级的学生参与人数最少。

（2）您感觉在完成前一份测试卷时有困难吗？［单选题］

选项	小计	比例
A. 难度很大，我觉得没有必要学习和掌握这些文化知识。	6	7.15%
B. 难度较大，我不了解有些文化知识，很多单词也不会写，我不知道如何用英语表达这些文化内容。	71	84.52%
C. 难度较小，虽然很多单词不会写，但借助于词典可以很好地表达这些文化内容。	6	7.14%
D. 基本没有困难，我能较好地掌握相关文化知识及其英文表达。	1	1.19%
本题有效填写人次	84	

学生普通反映用英文翻译和表达中国文化有较大的难度，在问及完成前一份测试卷是否有困难时，84.52% 的学生认为难度较大，对于有些文化知识不了解，很多单词不会写，不知道如何用英语表达这些文化内容；

7.15%的学生认为难度很大，没有必要学习和掌握中国文化知识；7.14%的学生认为难度较小，虽然很多单词不会写，但借助于词典可以很好地表达这些文化内容。只有1.19%的学生认为基本没有困难，能较好地掌握相关文化知识及其英文表达。由此可见，商务英语专业学生用英语翻译和表达中国文化的能力有限，对中国文化的知识储备不充分。

（3）您认为自己能用英语准确流畅地表达中国文化吗？［单选题］

选项	小计	比例
A. 有很大困难	31	36.91%
B. 有一定困难	52	61.9%
C. 几乎没有困难	1	1.19%
本题有效填写人次	84	

有61.9%的学生认为自己用英语准确流畅地表达中国文化有一定困难，有36.91%的学生认为自己用英语准确流畅地表达中国文化有很大的困难，仅有1.19%的学生认为自己用英语准确流畅地表达中国文化几乎没有困难。从表中可以显示，绝大部分的商务英语专业学生不能够准确流畅地用英语表达中国文化，表现出明显的中国文化失语症。

（4）您认为阻碍自己用英语表达中国文化的因素有哪些？［多选题］

选项	小计	比例
A. 词汇量不够	76	90.48%
B. 翻译技巧和翻译能力有限	69	82.14%
C. 中国文化基础知识储备较少	73	86.9%
D. 对中国文化不感兴趣	13	15.48%
E. 老师上课不教	10	11.9%
F. 考试不考	16	19.05%
G. 学业压力大，没有时间学习中国文化的相关知识	24	28.57%
H. 其他	0	0%
本题有效填写人次	84	

阻碍学习者用英语表达中国文化的因素分别为：词汇量不够

（90.48%）；中国文化基础知识储备较少（86.9%）；翻译技巧和翻译能力有限（82.14%）；学业压力大，没有时间学习中国文化的相关知识（28.57%）；考试不考（19.05%）；对中国文化不感兴趣（15.48%）；老师上课不教（11.9%）等。以上因素对学生用英语表达中国文化的阻碍作用依次由大到小排列，其中，词汇量不够、翻译技巧和翻译能力有限和中国文化基础知识储备较少，是阻碍学生用英语表达中国文化的最重要的三个因素，90.48%的学生认为自己的有关中国文化的英语词汇量不够，86.9%的学生认为自己的中国文化基础知识储备较少，82.14%的学生认为自己对于中国文化的翻译技巧和翻译能力有限。这三个因素都是学习者的内部原因，对学生用英语表达中国文化的影响最大，而学业压力大，没有时间学习中国文化的相关知识、考试不考、对中国文化不感兴趣、老师上课不教等因素都为外部原因，对学生用英语表达中国文化的影响较小，仅有15.48%的学生认为对中国文化不感兴趣阻碍用英语表达中国文化，有11.9%的学生认为老师上课不教中国文化阻碍了学生用英语表达中国文化，19.05%的学生认为考试不考是影响学生用英语表达中国文化的因素，由此可见将中国文化知识纳入考试内容，可以促进学生学习中国文化。还有28.57%的学生认为学业压力大，没有时间学习中国文化的相关知识。由上述数据得知，将中国文化知识融入专业课程课堂，扩大学生的中国文化英语词汇量，积累中国文化基础知识，有效地利用课堂时间，提高学习效率，是当前商务英语专业学生的需求。

（5）您认为在商务英语课堂教学中有学习中国文化知识的必要性吗？［单选题］

选项	小计	比例
A. 有必要	60	71.43%
B. 依照具体情况	22	26.19%
C. 无所谓	1	1.19%
D. 没有必要	1	1.19%
本题有效填写人次	84	

绝大多数的商务英语专业学生认为，商务英语课堂教学中融入中国文化知识具有必要性。71.43%的学生认为有必要，26.19%的学生认为是否在商务英语课堂教学中学习中国文化知识，要依照具体情况而定，仅有极少数的学生对在商务英语课堂教学中融入中国文化知识持无所谓的

态度或认为没有必要在商务英语课堂教学中融入中国文化知识，持这两种态度的学生占比都仅为1.19%。

（6）您认为商务英语专业学生在商务英语课堂上学习中国传统文化知识，对商务英语专业学习有促进作用吗？［单选题］

选项	小计	比例
A. 是的	59	70.24%
B. 有时会有	19	22.62%
C. 作用并不明显	5	5.95%
D. 没有什么作用	1	1.19%
本题有效填写人次	84	

有70.24%的学生认为在商务英语课堂上学习中国传统文化知识，对商务英语专业学习有促进作用，有22.62%的学生认为在商务英语课堂上学习中国传统文化知识，有时会对商务英语专业学习有促进作用，仅有5.95%的学生认为学习中国传统文化知识对商务英语专业学习的促进作用不明显，有1.19%的学生认为中国传统文化知识对商务英语专业学习没有促进作用。由此可见，有相当多的学生认可学习中国传统文化知识对商务英语专业学习的促进作用。

（7）您认为作为商务英语专业学生，有对外传播中国优秀传统文化的义务和责任吗？［单选题］

选项	小计	比例
A. 有	78	92.86%
B. 没有	1	1.19%
C. 无所谓	4	4.76%
D. 不知道	1	1.19%
本题有效填写人次	84	

绝大多数学生具有对外传播中华优秀传统文化的义务和责任感。有92.86%的学生认为，作为商务英语专业学生有对外传播中国优秀传统文化的义务和责任，持相反态度的学生人数仅仅占比1.19%，仍有4.76%的学生持无所谓的态度，还有1.19%的学生态度不明确。

（8）您学习商务英语的目的是：〔多选题〕

选项	小计	比例
A. 提高英语水平，为今后到外资企业、外贸企业、涉外机构、旅游、翻译等工作单位从事相关的商务工作做准备	75	89.29%
B. 作为一种工具，通过各种考试，找个好工作，获得更好的薪酬	57	67.86%
C. 喜欢英语，可以扩大交际圈，与来自世界不同文化背景的人沟通交流	44	52.38%
D. 用英语传播中国文化，用英语讲中国故事，让世界了解中国	38	45.24%
E. 其他	0	0%
本题有效填写人次	84	

学生学习商务英语的目的明确。89.29% 的学生学习商务英语是为了提高英语水平，为今后到外资企业、外贸企业、涉外机构、旅游、翻译等工作单位从事相关的商务工作做准备。67.86% 的学生学习商务英语是将商务英语作为一种工具，为了通过各种考试，找个好工作，获得更好的薪酬。52.38% 的学生学习商务英语是因为喜欢英语，认为它可以扩大交际圈，与来自世界不同文化背景的人沟通交流。45.24% 的学生学习商务英语是为了用英语传播中国文化，用英语讲中国故事，让世界了解中国。比较而言，学生学习商务英语的工具性动机和功利性动机要大于融入性动机，接近一半的学生学习英语是为了用英语传播中国文化，用英语讲中国故事，让世界了解中国。

（9）商务英语教学过程中，课程主讲老师是否重视文化教学？〔单选题〕

选项	小计	比例
A. 非常重视	15	17.85%
B. 比较重视	34	40.48%
C. 一般	35	41.67%
D. 不重视	0	0%
本题有效填写人次	84	

在问及商务英语的教学过程中，课程主讲老师是否重视文化教学这

个问题时，41.67%的学生认为老师对文化教学持一般态度，40.48%的学生认为老师比较重视文化教学，只有17.85%的学生认为老师非常重视。整体而言，教师在教学中有加入文化教学，但是重视程度不够。

（10）在商务英语学习中是否经常涉及西方文化的知识？［单选题］

选项	小计	比例
A. 经常	45	53.57%
B. 有时	29	34.53%
C. 偶尔	10	11.9%
D. 几乎没有	0	0%
本题有效填写人次	84	

有53.57%的学生认为在商务英语学习过程中会经常涉及西方文化知识，34.53%的学生认为在商务英语学习过程中有时会涉及西方文化知识，11.9%的学生认为在商务英语学习过程中偶尔会涉及西方文化知识，没有学生认为商务英语学习过程中几乎不会涉及西方文化知识。由此可见，学生在商务英语的学习中，会接触到西方文化，会进行西方文化知识的学习。

（11）在商务英语专业课堂，课程主讲老师一般通过什么方式讲解西方文化？［多选题］

选项	小计	比例
A. 学校有专门的英美文化课程	57	67.86%
B. 老师会在课堂上介绍和补充教材涉及的文化内容	54	64.29%
C. 老师会将西方文化与中国文化进行对比，通过中西对比进行讲解	47	55.95%
D. 学校有举办相关的西方文化讲座	9	10.71%
E. 老师在课堂上很少讲解西方文化	6	7.14%
本题有效填写人次	84	

仅有7.14%的学生认为老师在课堂上很少讲解西方文化，绝大部分的学生都认为老师通过一些方式在课堂上讲解了西方文化的内容。67.86%的学生选择了学校有专门的英美文化课程这个选项，可见大部分

学校都开设了英美文化课程，对西方文化持重视态度。64.29%的学生认为老师会在课堂上介绍和补充教材涉及的文化内容，55.95%的学生认为老师会将西方文化与中国文化进行对比，通过中西对比的方法进行西方文化的讲解。10.71%的学生表示学校有举办相关的西方文化讲座，仅有7.14%的学生表明老师在课堂上很少讲解西方文化。该数据显示，学院及教师通过多种途径重视西方文化的教学。

（12）在商务英语的学习中，是否经常涉及中国文化的内容？［单选题］

选项	小计	比例
A. 经常	20	23.81%
B. 有时	38	45.24%
C. 偶尔	22	26.19%
D. 几乎没有	4	4.76%
本题有效填写人次	84	

45.24%的学生表示，在商务英语的学习中，有时会涉及中国文化的内容，26.19%的学生在商务英语的学习中偶尔会涉及中国文化的内容，23.81%的学生在商务英语的学习中会经常涉及中国文化的内容，在商务英语的学习中几乎没有涉及中国文化内容的学生占比为4.76%。将第12个问题与前文中第10个问题的对比可发现，在商务英语的学习中，学生经常会涉及西方文化，有时会涉及中国文化，商务英语学生接触西方文化的比重要大于中国文化。

（13）在商务英语专业课堂，课程主讲老师通常如何介绍中国文化？［单选题］

选项	小计	比例
A. 选修课	15	17.86%
B. 与西方文化比较讲解	53	63.1%
C. 随意介绍	10	11.9%
D. 其他	6	7.14%
本题有效填写人次	84	

在商务英语专业课堂，将中国文化与西方文化进行对比分析和讲解

是教师常用的教学方法。63.1%的学生认为课程主讲老师将中国文化与西方文化进行比较讲解，17.86%的学生认为老师通过专门的选修课讲解中国文化，11.9%的学生认为教师在课堂上随意介绍中国文化，7.14%的学生选择了其他。

（14）您认为你们学校所使用的商务英语教材中是否含有足够的西方文化？［单选题］

选项	小计	比例
A.非常丰富	23	27.38%
B.有一定涉及	53	63.1%
C.偶尔出现	8	9.52%
D.几乎没有	0	0%
本题有效填写人次	84	

有63.1%的学生认为当前所使用的商务英语教材中有一定量的西方文化，27.38%的学生认为当前所使用的商务英语教材中有非常丰富的西方文化，9.52%的学生认为西方文化在当前所使用的商务英语教材中偶尔出现，所有学生都认为商务英语教材中含有西方文化。由此可见，当前的商务英语教材中有介绍西方文化知识的内容，商务英语教材在注重语言和商务知识的同时，也纳入了一定量的西方文化的内容。

（15）您认为你们学校所使用的商务英语教材中是否含有足够的中国文化？［单选题］

选项	小计	比例
A.非常丰富	9	10.72%
B.有一定涉及	44	52.38%
C.偶尔出现	27	32.14%
D.几乎没有	4	4.76%
本题有效填写人次	84	

有52.38%的学生认为学校所使用的商务英语教材中含有一定量的中国文化，32.14%的学生认为中国文化偶尔出现在商务英语教材中，只有10.72%的学生认为学校所使用的商务英语教材中含有非常丰富的中国文化，仍有4.76%的学生认为学校所使用的商务英语教材中几乎没有涉及

中国文化的内容。将第 15 个问题与前面第 14 个问题进行对比分析，认为当前所使用的商务英语教材中有一定量的西方文化的学生占比 63.1%，而认为当前所使用的商务英语教材中有一定量的中国文化的学生占比为 52.38%；认为当前所使用的商务英语教材中有非常丰富的西方文化的学生占比为 27.38%，而认为学校所使用的商务英语教材中含有非常丰富的中国文化的学生占比为 10.72%；认为西方文化在当前所使用的商务英语教材中偶尔出现的学生占比为 9.52%，而认为中国文化偶尔出现在商务英语教材中的学生占比为 32.14%；所有学生都认为商务英语教材中有涉及西方文化的内容，而 4.76% 的学生认为学校所使用的商务英语教材中几乎没有涉及中国文化的内容。由此可见，当前所使用的商务英语教材中，西方文化所占的比例要高于中国文化。

（16）商务英语专业课老师是否在上课时给同学们推荐过有关中国文化的英语资料？〔单选题〕

选项	小计	比例
A. 有过，很多	21	25%
B. 有过，很少	50	59.52%
C. 没有	13	15.48%
本题有效填写人次	84	

有 25% 的学生表示商务英语专业课老师有在上课时给同学们推荐过很多有关中国文化的英语资料，59.52% 的学生表示老师很少推荐中国文化的英语资料，15.48% 的学生表示老师没有推荐中国文化的英语资料。由此可见，教师对用英语表达中国文化的重视程度不够高。

（17）您在课下是否经常阅读或观看有关西方文化的英文资料？〔单选题〕

选项	小计	比例
A. 经常	18	21.43%
B. 有时	41	48.81%
C. 很少，资料有限	19	22.62%
D. 没有	6	7.14%
本题有效填写人次	84	

21.43% 的学生表示在课下经常阅读或观看有关西方文化的英文资料，48.81% 的学生表示在课下偶尔阅读或观看有关西方文化的英文资料，22.62% 的学生表示在课下很少阅读或观看有关西方文化的英文资料，7.14% 的学生在课下没有阅读或观看有关西方文化的英文资料。整体而言，一半以上的商务英语专业学生都会在课后接触西方文化的英文资料。

（18）您对于中国传统文化：［单选题］

选项	小计	比例
A. 非常感兴趣	26	30.95%
B. 比较感兴趣	45	53.57%
C. 只对少数内容感兴趣	12	14.29%
D. 不感兴趣	1	1.19%
本题有效填写人次	84	

绝大部分学生对中国传统文化感兴趣。有 30.95% 的学生对中国传统文化非常感兴趣，有 53.57% 的学生对中国传统文化比较感兴趣，有 14.29% 的学生只对中国传统文化中少数内容感兴趣，有 1.19% 的学生对中国传统文化不感兴趣。

（19）您在课下是否经常阅读或观看有关中国文化的英语资料？［单选题］

选项	小计	比例
A. 经常	10	11.9%
B. 有时	44	52.39%
C. 很少，资料有限	21	25%
D. 没有	9	10.71%
本题有效填写人次	84	

11.9% 的学生在课下经常阅读或观看有关中国文化的英语资料，52.39% 的学生在课下有时阅读或观看有关中国文化的英语资料，25% 的学生在课下很少阅读或观看有关中国文化的英语资料，10.71% 的学生在课下没有阅读或观看有关中国文化的英语资料。将第 19 题与上述第 17 题对比分析，大部分学生经常阅读或观看有关西方文化的英文资料，只是偶尔阅读或观看有关中国文化的英语资料。较之阅读或观看有关中国

文化的英语资料,大部分学生会更加注重对于西方文化英文资料的阅读或观看。

(20)您能从何种途径以英语形式了解到中国文化?［多选题］

选项	小计	比例
A. 英语课本和课堂上老师讲授	54	64.29%
B. 英语杂志、报纸	33	39.29%
C. 原声电影、电视、广播	56	66.67%
D. 网络及手机应用软件	62	73.81%
E. 参加课外学科竞赛或者相关实践活动	19	22.62%
本题有效填写人次	84	

学生认为可以从多种途径以英语形式了解到中国文化,将各种途径按照受学生欢迎的程度来排列,依次为:网络及手机应用软件(73.81%),原声电影、电视和广播(66.67%),英语课本和课堂上老师讲授(64.29%),英语杂志、报纸(39.29%),参加课外学科竞赛或者相关实践活动(22.62%)。在信息技术日新月异的今天,网络和手机无疑成为学生获取信息最为重要的途径,半数以上的学生反映英语课本和课堂上老师讲授也是以英语形式了解到中国文化的重要途径,可见学生期望教师利用各种有效教学方法,在课堂上增加对中国文化的输入,通过课堂教授和课外引导,帮助学生提高用英语表达中国文化的能力。

(21)您认为有没有必要培养商务英语专业学生的中国文化英语表达能力?［单选题］

选项	小计	比例
A. 十分必要	50	59.52%
B. 有必要	30	35.71%
C. 无所谓	4	4.77%
D. 没有必要	0	0%
本题有效填写人次	84	

在有没有必要培养商务英语专业学生的中国文化英语表达能力这个

问题上，59.52%的学生认为十分必要，35.71%的学生认为有必要，4.77%的学生认为无所谓。可见，绝大多数学生已经意识到了培养中国文化英语表达能力的重要性。

通过上述测试卷中 21 个题目的详细描述，可以得出结论：有一半以上的商务英语专业学生认为自己用英语准确流畅地表达中国文化有一定困难，最大的困难是词汇量不够、中国文化基础知识储备较少、翻译技巧和翻译能力有限。虽然绝大多数的商务英语专业学生认为商务英语课堂教学中融入中国文化知识具有必要性，绝大多数学生已经意识到了培养中国文化英语表达能力的重要性，也坚信在商务英语课堂上学习中国传统文化知识对商务英语专业学习有促进作用，但是在实际的商务英语学习中，老师很少推荐中国文化的英语资料，大部分学生也更加注重对于西方文化的英文资料的阅读或观看，无论是从教师推荐还是个人课后查找便利的角度，学生都是以英语国家原版资料为主。学生经常会涉及西方文化，偶尔会涉及中国文化，整体而言，西方文化的占比要大于中国文化。学生反映老师对文化教学持一般的态度，教师最常用的教学方法是将中国文化与西方文化进行对比分析和讲解。虽然当前的商务英语教材中有涉及西方文化和中国文化，但西方文化所占的比例要高于中国文化。在信息技术日新月异的今天，网络和手机无疑成为学生获取信息最为重要的途径，但是半数以上的学生反映英语课本和课堂上老师讲授是以英语形式了解到中国文化的重要途径，可见学生期望教师利用各种有效教学方法，在课堂上增加对中国文化的有效，通过课堂教授和课外引导，帮助学生提高用英语表达中国文化的能力。虽然绝大部分的学生学习商务英语的工具性动机和功利性动机要大于融入性动机，但有接近一半的学生学习英语是为了用英语传播中国文化，用英语讲中国故事，让世界了解中国。可喜的是，绝大部分学生对中国传统文化感兴趣，相当多的学生都认为自己具有对外传播中华优秀传统文化的义务和责任感，这对治疗"中国文化失语症"和将中华优秀传统文化融入商务英语教学提供了良好的基础条件。

4. 商务英语教师对将中国文化融入商务英语教学的态度及期待

有 9 名商务英语教师参与了问卷调查和访谈，商务英语教师对学生的"中国文化失语症"及将中国文化融入商务英语教学的态度及期待的详细情况如下。

（1）您认为自己能用英语准确流畅地表达中国文化吗？［单选题］

选项	小计	比例
A. 有很大困难	1	11.11%
B. 有一定困难	7	77.78%
C. 没有困难	1	11.11%
本题有效填写人次	9	

　　问卷调查的数据显示，有一半以上的教师在用英语准确流畅地表达中国文化时有困难。有77.78%的教师认为自己在用英语准确流畅地表达中国文化时有一定的困难，有11.11%的教师认为自己在用英语准确流畅地表达中国文化时有很大的困难，有11.11%的教师认为自己在用英语准确流畅地表达中国文化时没有困难。通过进一步访谈得知，用英语准确流畅地表达中国文化的困难主要在于，对中国文化知识的积累不够，由于工作中接触中国文化相关词汇的机会不多，自己的科研项目也很少涉及中国文化，没有进行相关的研究。

　　（2）您认为在商务英语课堂教学中有无融入中国文化的必要性？［单选题］

选项	小计	比例
A. 十分必要	4	44.44%
B. 有必要	4	44.44%
C. 无所谓	1	11.12%
D. 没有必要	0	0%
本题有效填写人次	9	

　　问卷调查的数据显示，有44.44%的教师认为在商务英语课堂教学中融入中国文化十分有必要，有44.44%的教师认为有必要在商务英语课堂教学中融入中国文化，有11.12%的教师对在商务英语课堂教学中融入中国文化持无所谓的态度。通过进一步访谈得知，大部分教师认为跨文化

交流是双向交流，课堂教学中融入中国文化有利于培养学生的跨文化交际能力，向世界传播中国文化，有利于改变现阶段目的语文化和母语文化在教学中失调的问题。少数教师认为商务英语教学要以语言学习和商务知识的学习为主，在保证语言和商务知识学习的前提下，在商务英语专业学生的能力允许和学有余力的条件下，可以适时适量地加入中国文化的内容，但是没有必要过多地强调中国文化。

（3）您认为商务英语专业学生在商务英语课堂上学习中国传统文化知识，对商务英语教学有促进作用吗？［单选题］

选项	小计	比例
A. 有促进作用	7	77.78%
B. 有时会有促进作用	1	11.11%
C. 作用并不明显	1	11.11%
D. 没有什么作用	0	0%
本题有效填写人次	9	

问卷调查的数据显示，有 77.78% 的教师认为商务英语专业学生在商务英语课堂上学习中国传统文化知识，对商务英语教学有促进作用；有 11.11% 的教师认为商务英语专业学生在商务英语课堂上学习中国传统文化知识，有时会对商务英语教学有促进作用；有 11.11% 的教师认为商务英语专业学生在商务英语课堂上学习中国传统文化知识，不会对商务英语教学有明显的促进作用。通过进一步访谈得知，大多数教师认为中国优秀传统文化同商务英语教学相结合，能丰富学生日常口语交流的内容，培养更高质量的商务英语专业人才，能推动相关产业及商务领域的发展，如涉外旅游业，商务英语毕业生具备丰富的中国文化知识和素养，就能为外国游客提供更优质的服务。少数老师认为学习中国传统文化知识能否促进商务英语教学，要依据具体的课程而定，如在"综合商务英语""跨文化商务沟通""国际商务谈判"等课程上学习中国文化知识，能促进商务英语教学，但是在"外贸函电写作""英美概况"等课程上学习中国文化知识，不能起到促进作用。少数教师认为商务英语教学要以培养语言能力和学习商务知识为主，在商务英语课堂上学习中国传统文化知识，不会对语言能力的提高和商务知识的积累有明显的促进作用。

（4）您认为商务英语专业学生有对外传播中国优秀传统文化的义务和责任吗？［单选题］

选项	小计	比例
A. 有	9	100%
B. 没有	0	0%
C. 无所谓	0	0%
本题有效填写人次	9	

问卷调查的数据显示，所有填写问卷的教师都认为商务英语专业学生有对外传播中国优秀传统文化的义务和责任。在访谈中，所有教师都表示，传承和弘扬中华优秀传统文化是所有中国人的使命与责任，商务英语专业学生更应该利用英语语言优势，向世界传递中华优秀传统文化，让世界人民了解中国，促进世界各国文化的沟通与交流，提升中国文化在世界上的影响力。

（5）您是否关注商务英语课堂教学中的母语文化教学？［单选题］

选项	小计	比例
A. 很关注	5	55.56%
B. 比较关注	1	11.11%
C. 一般	2	22.22%
D. 不关注	1	11.11%
本题有效填写人次	9	

问卷调查的数据显示，有55.56%的教师对商务英语课堂教学中的母语文化教学关注度较高，有11.11%的教师比较关注商务英语课堂教学中的母语文化教学，有22.22%的教师不太关注商务英语课堂教学中的母语文化教学，有11.11%的教师从不关注母语文化教学。通过进一步访谈得知，多数教师认为商务英语教学兼具工具性和人文性，对于商务英语专业学生来讲，学习商务英语不仅仅是为了学习生存技能方便以后的工作和就业，更是为了提升个人素质、完善人格和全面发展，除了学习目的语文化以外，还应该关注母语文化教学，因为大部分学生是生活在母语文化环境中，而且今后参加工作后，日常交际活动绝大部分时间都是用母语进行交流，关注母语文化实际上是关注我们在母语生活环境里的生

活方式，有利于学生丰富文化知识，提高个人素养，完善人格。少数教师认为学生的语言基础比较薄弱，而教材中西方比例较大，学生能够吃透教材中的语言知识、西方文化知识和学习好商务知识就已经很不错了，没有余力去学习中国文化，所以教师不太关注母语文化教学。

（6）您认为商务英语专业学生用英语表达中国文化的能力和水平如何？［单选题］

选项	小计	比例	
A. 较好	0		0%
B. 一般	6		66.67%
C. 不好	3		33.33%
D. 很不好	0		0%
本题有效填写人次	9		

问卷调查的数据显示，有 66.67% 的教师认为商务英语专业学生用英语表达中国文化的能力和水平一般，有 33.33% 的教师认为商务英语专业学生用英语表达中国文化的能力和水平不好。参加此次问卷填写和访谈的教师均来自三本高校，学生的语言基础相对薄弱，学习能力和学习自主性相对较差，所以大部分教师反映学生用英语表达中国文化的能力和水平一般，少数教师反映学生用英语表达中国文化的能力和水平较差。

（7）您认为阻碍学生用英语表达中国文化的因素有哪些？［多选题］

选项	小计	比例	
A. 词汇量不够	7		77.78%
B. 翻译技巧和翻译能力有限	4		44.44%
C. 中国文化基础知识储备较少	9		100%
D. 对中国文化的兴趣不浓厚	6		66.67%
E. 老师上课不教	3		33.33%
F. 考试不考	5		55.56%
G. 其他	2		22.22%
本题有效填写人次	9		

问卷调查的数据显示，商务英语教师认为在阻碍学生用英语表达中

国文化的众多因素中，排在第一位的因素是"学生的中国文化基础知识储备较少"（100%），其次是"词汇量不够"（77.78%），后面依次是"对中国文化的兴趣不浓厚"（66.67%）、"考试不考"（55.56%）、"翻译技巧和翻译能力有限"（44.44%）、"老师上课不教"（33.33%）、"其他因素"（22.22%）等。与学生的问卷数据对比可以发现，无论教师还是学生，都认为"中国文化基础知识储备较少"和"词汇量不够"是阻碍学生用英语表达中国文化的最大因素，但是在其他因素中，学生与教师持有不同的看法，例如，有66.67%的教师认为"学生对中国文化的兴趣不浓厚"妨碍了学生用英语表达中国文化，而只有15.48%的学生认为"对中国文化的兴趣不浓厚"是妨碍他们用英语表达中国文化的因素。还比如，有55.56%的老师认为"考试不考"妨碍了学生用英语表达中国文化，而只有19.05%的学生认为"考试不考"是影响学生用英语表达中国文化的因素。有33.33%的教师认为"老师上课不教"是影响学生用英语表达中国文化的因素，而仅有11.9%的学生认为"老师上课不教中国文化"阻碍了他们用英语表达中国文化。因此，教师在课前需要充分了解、诊断和分析学情，提高课堂效率。

（8）您认为在商务英语教材中，中国文化和西方文化设置的合理比例为：［单选题］

选项	小计	比例
A.0 : 10	0	0%
B.2 : 8	3	33.33%
C.3 : 7	2	22.23%
D.4 : 6	1	11.11%
E.5 : 5	3	33.33%
G.6 : 4	0	0%
本题有效填写人次	9	

在问及商务英语教材中中国文化和西方文化的设置比例时，选择2：8和5：5比例的人数一样多，有22.23%的教师选择3：7的比例。由此可见，大部分教师认为教材中西方文化的比例应高于中国文化的比例。通过进一步访谈得知，一部分教师认为语言教学应该包括文化教学，学习西方文化有利于英语语言的学习，母语文化和母语会对英语学习产

生负迁移作用，为了减少母语和母语文化的负迁移，所以将重点放在了目的语文化教学上，这样可以营造更好的英语学习环境，因此中国文化和西方文化的比例设置为 2∶8 或者 3∶7 较为合理。另一部分教师认为有些商务英语专业课程的教材中有较多的中国文化，如"综合商务英语""英语畅谈中国文化"等课程，这些教材中中国文化和西方文化的比例设置为 5∶5 或者 4∶6，通过母语文化的学习，可以促进学生更好地掌握英语和汉语两种语言，熟练进行两种语言的互译，掌握丰富的汉语文化知识，有利于发挥母语的正迁移作用。在全面推进课程思政和落实"三进"（进教材、进课堂、进头脑）工作的背景之下，多数老师认为在以后的教学中，可以适当提升商务英语教材中中国文化的比例。

（9）您认为商务英语专业的教学要达到什么目标？［填空题］

通过问卷填写和访谈得知，大部分教师认为商务英语专业的教学要以教育部发布的《高等学校商务英语专业本科教学质量国家标准》为指导，培养英语基本功扎实，具有国际视野和人文素养，掌握语言学、经济学、管理学、法学（国际商法）等相关基础理论与知识，熟悉国际商务的通行规则和惯例，具备英语应用能力、商务实践能力、跨文化交流能力、思辨与创新能力、自主学习能力，能从事国际商务工作的复合型、应用型英语人才。要培养既能把优秀的中国文化传播出去，又具备较强的英语沟通能力，来适应全球化大环境的商务英语人才。少数教师认为商务英语各门专业课的课程教学目标在人才培养的大目标之下具体实施法方各不相同，商务英语专业的人才培养目标还是以语言知识技能的熟练应用和商务知识的掌握为主，具备一定的人文文化素养，通过商务英语专业教学，帮助学生为就业做职业素养方面的准备。

（10）您对目前商务英语专业教学中的中国文化教学有什么意见和建议？［填空题］

通过问卷填写和访谈得知，大部分教师认为中国文化是中国人的灵魂，必须始终坚持学习，寓教于任何时候，在商务英语专业教学中，应该有效融入中国文化的教学。少数教师认为，文化的教学是整个教学阶段的教育任务，不仅仅是课堂教学的任务，学校和社会应该将本国文化教育分层次地贯穿于从幼儿园到大学的教育之中，在全社会形成中国文化教育的合力，高校应该更多地通过校园文化活动来展示和传播中华优秀传统文化，而不仅是局限于课堂的理论教学，将理论和实践相结合，充分发挥实践的作用，达到的效果更好。

三、商务英语教学中中国文化失语的原因

在经济全球化迅猛发展的今天，文化传播已成为展现国家综合国力的重要方面，促进中华民族优秀传统文化的传播是商务英语人才所需肩负的重要使命。但是，通过对商务英语教学中中国文化的现状调研发现，绝大多数教师和学生虽然都已经意识到了培养中国文化英语表达能力的重要性，但是一半以上的商务英语专业学生用英语准确流畅地表达中国文化有一定困难，无论是从教材还是教师推荐，或是从个人课后查找便利的角度，学生都是以英语国家文化的原版资料为主，学生对西方文化的接触明显要多于中国文化。在商务英语专业人才培养过程中，英语语言基础、商务能力、西方文化等方面已经大比例地出现在外语教材和课堂教学中，但是中国文化的内容在教材中所占的比例较小，在一些商务英语专业课程里面，中国文化甚至处于被忽略的状态。那么，中国文化失语的原因是什么呢？下面我们将分析这一现状的成因。

（一）英语学科中蕴含的西方文化带来的冲击

语言是文化的载体，文化是语言的内涵，二者密不可分。语言是意识形态的表现形式。学习一门外语，意味着学习一种思维方式，意味着了解一种文化观、一种民族精神和一种社会价值观。在外语学习的过程中，学习者不可避免会接触到西方的文化、意识形态、伦理规范和价值观，这就会带来中西方文化的碰撞和交流，加上网络新兴文化和大学生对新生事物的好奇心，各种西方元素渗透到大学生的日常生活中，商品消费中的文化认同和文化移植也会潜移默化地影响学生的生活消费观、思维方式和价值观。大学生熟悉西方的文化风俗，用英语表达西方风土人情和文化习俗的能力也逐渐提高，许多学生了解一些经典英美文学著作，但对于中国经典名著却不知如何用英文表达。西方文化慢慢对中华文化带来了冲击和挑战，西方文化的输入使中华优秀传统文化教育逐渐"边缘化"。因此，商务英语课堂成为中西方文化冲击的前沿阵地，需要加强对于中国传统文化的学习和价值引领，从而树立民族自豪感和增强文化自信心，避免文化认同危机。

（二）中国文化教学的纲领性指导和评价机制的缺失

商务英语专业的中国文化教学尚未形成课程体系，没有统一的纲领

性指导文件和科学有效的评价机制，人才培养方案在编制和修订中缺少中国传统文化类课程。由于当前外语教学仍然是以语言教学和外语交际能力培养为中心，文化处于附属、次要地位，因而外语教材所包括的文化信息比较零碎，缺乏系统性。在跨文化外语教学中，文化教学地位提高，文化能力和语言能力共同成为教学的目标，这一思想体现在教材中就是要全面、系统地呈现和对待文化教学内容。语言和文化应该有机结合，应该以文化主题为主线，语言系统为暗线；以文化为内容，语言为手段。文化教学应该有自己的大纲、内容和方法。商务英语专业要求学生除了具备扎实的语言基本功外，还需要重点学习商务知识。因此，人才培养方案中除了基础的语言类课程，还有诸如经济学、国际贸易、跨境电子商务等商务知识课程，语言技能课程和商务核心课程占的比重和学分较多，导致非核心课程的学时和学分受到压缩和删减，因此开设针对商务英语专业学生的中国传统文化课程的高校不多。即便开设，一般也是作为选修课，课时量为 16～34 学时，课时少但课程内容多，中国文化内容从哲学思想到风俗人情，从文学作品到商业文化，源远流长，博大精深，加之没有前后承接的课程，缺少针对商务英语专业学生中国文化能力的有效评价机制及相关量表，难以引起学生的关注。此外，商务英语课程的教学大纲也比较重视英语语言技能的提升和商务知识的积累，不太重视对中国文化的英语表达教学。

（三）商务英语教材中中国传统文化价值的缺失

作为开展教学活动的必备工具和重要媒介，教材在很大程度上决定了教学内容、教学手段和教学方法。教材是教学内容的重要载体，而教学内容又决定了具体化与现实化的教学目标，"无论是外国出版的教材，还是中国出版的教材，都有价值观和思政的成分"[①]，立场和内容的正确性科学性是遴选和编撰专业教材的基本准则。刘正光与岳曼曼认为，教师和教材是外语课程思政的关键要素，"教材是抓手，是推动和引导教师提高思政意识，增强思政能力，落实思政效果的现实依据与基本保障"[②]。孙有中认为，课程思政改革应主抓教材，外语教材建设可以通过跨文化比较、价值观思辨、用外语表达中华优秀传统文化以及体验式语

① 黄国文.思政视角下的英语教材分析［J］.中国外语，2020，17（5）：21-29.

② 刘正光，岳曼曼.转变理念、重构内容，落实外语课程思政［J］.外国语，2020，43（5）：21-29.

言学习这四种方法来展开[①]。

当前的商务英语教材中，中国传统文化价值缺失。大部分商务英语教材侧重听说读写的技能训练，在以语言技能为导向的同时，着重呈现商务基础知识，注重语言、商务和文化三者的融合，突显工具性、思辨性和人文性，但整体而言，教材中西方文化的比重较大，中国传统文化的比重不足。有的教材为了体现语料的"原汁原味"和"地道性"，会直接选用英美的出版物和英美原文，其内容围绕西方国家的商务文化知识、商务实践技能、价值取向、商务案例等，而中国特色话题、中国商务文化知识介绍、中国商务案例分析等中国文化的语料和元素占比较低，对应的视频、音频、课件等教学资源也较为缺乏。如果商务英语专业的教学内容都是直接或间接来源于引进的英文原版专业教材，那么就不能体现中国立场、无法展现中国情怀、不能反映中国的建设成就，不利于我国培养具有家国情怀和文化自信心的商务英语专业人才。因此，我们当前迫切需要在英语教材中加入中国文化，比如在教材中选入中外文化对比的文章以及外国人士介绍和评价中国文化的文章；或者是由英语为母语的专业人士撰写的有关中国历史文化、风土人情、政治经济等方面的文章；或是在课后练习中补充一些与课文相呼应的中国文化内容，加强学生对本土文化的了解，重视用英语来表达中华民族文化，使他们在对外交流时，在面对中国特色文化时，不至于尴尬失语、不知所措。

此外，文化内容和语言内容结合得不够紧密。除了语言形式和语言使用本身所包含的文化内容之外，将文化内容与语言内容结合起来进行教学的教材较少。很多教材的文化内容是以补充阅读和注释的形式呈现出来，或者干脆单独开设一门有关目的语文化的课程。例如，现在各高校开设的"英美概况""英国社会""美国社会"等文化课程，文化被看作是具体的文化事实，只强调具体文化学习，忽视了文化普遍规律和文化技能的学习，因此关于价值观念和信仰的深层次文化教学，以及对文化共性和跨文化交际普遍规律的教学难以开展。如果教材只注重目的语文化及母语文化的具体实施展开，不注重抽象文化知识和文化普遍规律的内容，学习者就难以超越具体文化的束缚，成为具有跨文化意识和跨文化能力的人。

根据跨文化语言教学理论，英语作为跨文化语言，在各国的使用中

---

① 孙有中.课程思政视角下的高校外语教材设计［J］,外语电化教学,2020（6）:46-51.

具有不同的文化特色。Braj B. Kachru（卡奇鲁）用"世界英语（WE）"一词来描述英语的世界性传播，英语作为跨文化语言，不仅属于英语本土国家，而且属于整个世界。Cem Alptekin（阿尔普金）认为，对于世界英语来说，他们的目标文化不是指美国的或英国的，而是应该包括各种各样的文化。英语作为一种国际交往的工具，不应该为某一个民族所专有，而应该成为一种被世界人民所使用的一种中性的信息媒介。因此，在学习国际通用语言时，学习者没有必要内化目的语文化规范，因为国际语言不为任何一个民族专有，它属于全世界各族人民，学习者学习国际通用语言的主要目的是向世界上其他民族介绍其本民族的思想和文化[①]。由此可见，中华优秀传统文化作为母语文化，应该成为我国英语教学的必要内容之一，我国的英语学习者应成为中华优秀传统文化的弘扬者和传播者，向世界上其他民族的人们推介中华优秀传统文化。Elizabeth J. Erling（伊丽莎白·埃林）认为，在英语世界化的背景下，跨文化语言教学要想方设法保护本土价值、本土文化及本土语言[②]。McKay Sandra（桑德拉）认为，作为国际语言的英语，应当属于所有使用者，英语教材应当吸收使用者的文化[③]。因此，教材需要增加中华优秀传统文化的比例，将目的语文化和本土文化兼容并举，增加本土文化的课后阅读材料，将广义文化和狭义文化知识相结合，提高学习者的中国文化意识和用英语陈述中国文化的能力。通过教材，对学生进行中国价值观的引领，使他们的中国文化素养得到提升，以德育人，以文化人。

（四）教师在教学中忽略母语文化的融入

一方面，教师对母语文化教育的意识不强。有的教师认为能进行跨文化交际就是有能力理解并吸收目的语文化，但是母语文化向目的语文化"一边倒"的交际模式并不是真正的跨文化交际。跨文化交际应该是双方交互的行为。正如 Henry G. Widdowson（威多逊）所强调的，"交流本身是双向而不是单向的，交流的进行意味着吸纳和传播，两者不可

---

① Alptekin C.Towards Intercultural Communicative Competence in ELT［J］.ELT Journal，2002，56（1）：57-64.

② Erling EJ.The Many Names of English［J］.English Today，2005，21（1）：40-44.

③ McKay S.Teaching English as an International Language：The Chilean Context ［J］.ELT Journal，2003（2）：139-148.

或缺"①。"吸纳"主要指对目的语文化的理解和兼容并收，"传播"则应是向目的语国家输出本族语言文化。跨文化交际绝不是以一方对另一方的理解为交际终端，跨文化交际还应同时包含文化的共享和向另一方输出本族语言文化。同时，教师对外语教学中文化教学的理解也具有片面性。外语教学既是语言教学又是文化教学，但是商务英语教学仍然存在"重工具性、轻人文性"的现象，有的教师把听、说、读、写等基础语言技能训练和传授商务知识放在首位，忽视了商务语言教学的人文属性。有的教师注重文化教学，但是将文化教学的重心放在"目的语文化"上，而忽视了融入母语文化的教学，缺少在商务英语教学中培养学生中华文化传播能力的认识，因此课堂内英语文化输入较多，进而忽视了中华文化渗透和文化输出能力的培养，导致了中英文化输入的失衡。此外，教师对母语与外语学习的关系理解具有片面性。有的教师认为，在外语教学中利用母语会产生负迁移，阻碍学生外语水平的提高。根据四纬理论，可以将外语教学分为四个层面，即以意义为核心的输入性教学（通过听、读进行有意义的输入）、以意义为核心的输出性教学（通过说、写进行有意义的输出）、以语言为核心的教学（通过有意识地强调语言形式进行语言知识的学习）和提高语言流利程度的练习（通过任务、活动、游戏、作业等大量的练习来提升对于语言知识的熟练度），而母语在外语学习的这四个层面中的每一个层面都可以得到一定程度的利用。在课堂教学中，当学生们的母语为同一种语言时，则倾向于以外语开展诸如会话这样的活动，以便为学生创造良好的学习氛围。而以母语讲解精读材料和进行写作准备，对学生来说，比用母语讲解词汇和课文时显然要自然得多，因为母语在翻译时通常比较明晰、简洁，让学生有熟悉感；而且学生在写作之前以母语作为媒介对题目进行充分的讨论，不仅能帮助学生最大限度地理解题意，而且能使学生积极参与进来，表达自如，激发学习兴趣。这种借用母语实施外语教学的方法并非毫无道理，在外语教学中灵活和适当地利用母语，不仅不会阻碍学生外语水平的提高，还会增强其语言敏感和领悟能力，达到尽快掌握外语的目的，这是由人类语言的共同性决定的，教师应该意识到母语学习和外语学习不是互相排斥，而是互相促进的。

另一方面，教师自身的中华文化积淀不足。大部分商务英语教师毕业于英语专业或商务英语专业，接受英美文化相关的教育较多，对传统

① Widdowson HG.Learning Purpose and Language Use［M］.Oxford：Oxford University Press，1983：25.

文化知识储备不够，仅有零星、非系统性对于传统文化的认知。有的商务英语教师会在专业课教学中融入传统文化知识，但是输入形式较为单一，教学方法偏重单向传递，忽视互动互融，拓展面不宽，探讨不深入，无法有效地对学生进行中国文化教育。宋伊雯与肖龙福通过调查发现，"85.2%的学生认为他们的英语教师在课堂上很少补充中国文化，10.5%的学生反映他们的英语教师几乎没有补充过中国文化"①。母语文化的输入不够，直接导致学生对中国文化蕴含的思想价值观念的英语表达能力受限，在跨文化交际时容易产生交际障碍。文化"逆差"也导致学生对中华文化所代表的价值和审美在现代社会中失去了认同感，他们对中华文化层面上的东西缺乏起码的了解，一味地顺应目的语文化就等于否定自我，最终导致中华文化的缺失。所以，教师作为教学活动的主导者，对培养学生学习中国文化的意识起着极为重要的引领作用。

（五）缺少对中华文化内容的考核

考核是教学的重要部分，但现行商务英语教学考核和相关英语测试没有对中国文化知识和中国文化输出能力的考核。商务英语核心课程在平时的期末考试和过程性评价中，很少涉及对中国文化内容的考核。例如，BEC剑桥商务英语测试，全国国际商务英语考试，商务英语专业四、八级考试，主要针对商务素质及英语运用能力的考核而设计，没有涉及对中国传统文化知识和中国文化输出能力的考核。自2013年起，全国大学英语四、六级考试，在翻译部分（占比15%）增加了对中国文化的考核，要求考生将一段汉语翻译成英语，内容涉及中国文化、中国历史及中国社会和经济的发展，但试卷构成中分值最高的听力（占比35%）和阅读（占比35%）仍以英美文化背景的语料为主。英语测试和商务英语测试名目繁多，几乎贯穿学生的整个学习生涯，但因为考试内容中缺少中华文化内容，所以学生会认为英语语言知识和商务知识更为重要，而缺少学习中华优秀传统文化的动机。

（六）商务英语学习的功利性动机

大部分商务英语专业学生因受到应试教育和唯分数论的影响，他们认为通过考试、顺利毕业才是最重要的，这导致学生缺乏主动关注母语文化表达的意识，缺少学习中国文化的强烈愿望。对于大部分学生而言，

---

① 宋伊雯，肖龙福.大学英语教学"中国文化失语"现状调查［J］.中国外语，2009，6（6）：88-92.

在高考考完语文之后，就不再关注中国文化教育了，而中学时期的语文，因其深度和广度有限，学生仅仅触及中国文化的表层，没有深入了解中国文化的精髓和内核，对中国文化的价值观领悟得不透彻，缺少母语文化的滋养，容易导致学生对母语文化不自信，更严重的是，在受到外来文化冲击时，有产生盲目崇拜的潜在风险。学生的世界观、人生观和价值观也有受外来文化影响的风险。受疫情和就业压力的影响，学生把焦点放在"能不能顺利毕业，能不能找到好工作"上，无暇顾及读名著、识经典、提升思想境界和道德修养。

第四节　中华优秀传统文化融入商务英语教学的意义

中华优秀传统文化是中华民族在数千年的社会实践中所创造的精神财富和物质财富的总和，是中华文明的智慧结晶，铸就了中华民族的精神、价值观和民族性格。商务英语专业的学生要成长为具有国际视野和中国情怀的商务人才，除了具备良好的英语言语能力和丰富的商务知识，熟悉外国文化，还要了解中华优秀传统文化，这样才能具备良好的跨文化沟通的能力，因为沟通本身是双向的，交流的进行意味着吸纳和传播双方文化。因此，将中华优秀传统文化融入商务英语教学具有十分重要的意义。

一、有利于落实立德树人的根本任务

教育的根本任务是立德树人，在商务英语教学中融入中华优秀传统文化教育，是落实这一根本任务的重要保障和途径。中华传统文化中的"谦恭礼让、诚信守约"等社会公德、"忠于职守、精诚敬业"等职业道德和"严己宽人、崇真向善"等个人品德是立德树人的"德"之源泉。立德树人中的"人"是具有高尚思想境界、端正行为方式、有特定价值追求的群体。中华优秀传统文化中蕴含的理想信念、价值取向、人文精神和育人方法，为立德树人提供了智慧宝库和丰富的精神营养。中国特色社会主义文化源于中华优秀传统文化，中华优秀传统文化是涵养社会主义核心价值观的重要源泉，而践行社会主义核心价值观是立德树人的基本体现。

商务英语专业的学生毕业后，大多从事国际贸易、国际市场营销、商务翻译等工作，对跨文化沟通有较高要求，这就要求毕业生既熟悉西方经济、社会、文化、科技、地理、历史等，又了解中华文明中的道德传承、文化思想体系、精神观念等。因此，商务英语专业的人才培养，要坚持育才、育人、育德相结合，既要注重商务知识的传授和语言能力的培养，又要从中华优秀传统文化中汲取智慧，对学生的信仰、价值操守与精神原则进行价值引领，这样商务英语专业毕业生才能更好地担负起中外交流、讲好中国故事、传承和发扬中华优秀传统文化、推动构建人类命运共同体的使命。

二、可以丰富课程思政的内涵

当前，我国高校正处于课程思政建设的全面推进时期，课程思政是高校落实立德树人根本任务的重要实践，而中华优秀传统文化是课程思政的重要内容之一。中华优秀传统文化蕴含丰富的思政教育元素，是课程思政的资源库和根基。商务英语教师应结合专业课程，挖掘教材和教学内容中蕴含的民族精神、道德情操和人文涵养，弘扬中华优秀传统文化，发挥中华优秀传统文化怡情养志、涵养文明的重要作用，在校园里凝聚健康向上、崇德向善的精神力量，对学生进行正确的价值观塑造，在"春风化雨"的育人同时，实现学生对中华优秀传统文化的传承和弘扬。

三、有助于坚定文化自信

文化是一个国家、一个民族的灵魂，文化兴国运兴，文化强民族强。没有高度的文化自信，没有文化的繁荣兴盛，就没有中华民族伟大的复兴。文化自信是一个民族对自身文化价值和生命力的坚定信念。文化像空气一样无处不在，文化又像树根一样广泛深厚，文化的渗透性和持久性深刻影响着社会发展和文明进步。坚定文化自信，事关文化安全和民族精神的独立，坚定文化自信是前提和基础，然后才有道路自信、理论自信和制度自信。中华优秀传统文化是民族之灵魂，是民族凝聚力和创造力的重要源泉。在商务英语教学中融入中华文化，树立学生对传统文化的认同感、自信心和自豪感，才能深刻理解当代中国，才能筑起抵御不良思想文化的堡垒，在跨文化交际时，不崇洋媚外，不妄自菲薄，坚守中国立场，维护文化主权。

四、助力中华民族复兴和文化传承、发展与传播

纵观中华民族五千年文明传承的历程，中华优秀传统文化一直是民族复兴的重要支撑。中华文化的核心价值观，如讲仁爱、守诚信、崇正义、尚和合、厚德载物、自强不息等，滋养了民族的生存和发展，使得中华民族在面临危机时能化险为夷，在面对外来文化时能兼收并蓄、博采众长、不断发展。中华民族的伟大复兴，需要繁荣的文化提供动力和智慧。当今世界正面临百年未有之大变局，中华优秀传统文化不仅能为中国特色社会主义发展提供不竭的精神动力，更能为构建人类命运共同体，为解决人类问题，为促进多元文明和谐共处贡献中国智慧。商务英语专业的学生是中国特色社会主义的建设者和接班人，也是具有全球视野的"全球人"，有责任、有义务在深刻领悟异国文化和母语文化的同时，用英语讲好中国故事，应该对中国国情、社会文化、中国创造、中国精神和中国价值观，做出新的概括和表述，提供观察和理解世界的东方视角，向世界传播中华优秀传统文化，提升中国话语的影响力和感召力。这都需要在商务英语课程的学习中，融入中华优秀传统文化，使人文素养、理想信念、道德修养成为支撑学生终身发展的精神源泉，推动人类社会的健康发展，构建真正的"人类命运共同体"。

第二章 商务英语教学中的文化教学

　　语言和文化密切相关，因此外语教学应该包含文化教学，这是学界已经达成的共识。外语教学中的文化教学历史悠久，最早可追溯到中世纪传统的古典文献课。20 世纪 80 年代开始，我国的外语教学开始重视文化教学，高等学校外语专业教学指导委员会先后颁布的《高等学校英语专业基础阶段英语教学大纲》和《高等学校英语专业英语教学大纲》都强调了文化教学的重要性。到 20 世纪末，外语教学中文化教学的重要性得到学界的普遍认可，外语教学的目的从语言技能的训练转为文化意识的提高，教学中文化的定义更为宽泛，教学视角从单向的目的语文化转向了母语文化与目的语文化的互动。在商务英语教学中，将西方文化和中华优秀传统文化兼容并举，有助于提高学生的文化敏感性和对中国文化的认同，增强学生用英语讲中国故事的能力，培养他们的跨文化交际能力。

　　基于此，本章将从语言与文化的关系、外语教学中的目的语文化教学、外语教学中目的语文化与母语文化兼容并举等方面来探讨商务英语教学中的文化教学。

第一节 语言与文化的关系

　　语言与文化相互影响、相互依存、密不可分。根据萨丕尔 – 沃尔夫假说，语言反映了现实和文化形态，语言的语义结构形成或限制人们认识世界的方式。语言是人们表达和交流思想、沟通情感的基本途径，是文化和思维信息的基本载体和传承方式。一方面，语言影响了人们对外界事物的感知和体验方式，决定着人们的思维方式；另一方面，因语言与社会继承下来的传统和信念息息相关，所以语言离不开文化，语言不能脱离文化而存在。

　　Claire Kramsch（C·克拉姆契）认为，语言同时表达、包含以及象征文化事实。语言具备文化的一般特征，与艺术、道德、法律、风俗等人类其他成果一起构成文化。文化既是创造语言的动力，又是语言表达的内容，文化制约着语言的产生和发展，文化决定了语言指称的内容和方式，还规定着人们的语言观念，文化是思维信息流通的规则，对语言交际起促进或阻碍的作用。如果没有文化，人们就不可能有交际，尤其在跨文化交际中，语言交际的成功与否要受到文化因素的制约，因此在语言与文化的关系中，文化起主导作用[①]。如果说语言是文化的镜子，那文化就是语言赖以生存和发展的土壤；如果将语言与文化比作一棵树，语言是树干、树枝和树叶，而文化则是深深扎根于大地的树根，所以在语言教学中，文化占据重要地位。将文化融入语言教学，学生既能从对文化的学习和了解中去学习语言，又能从对语言的学习中去了解文化，在这个过程中，学生的心智和想象力得到开发，更能理解语言文化在社会建构中的作用。语言无法脱离文化而独立存在，语言作为文化的载体，深深扎根于文化。语言和文化的关系，决定了外语教学应该包含文化教学，这是学界共识。商务英语是一种专门用途英语，商务英语教学不仅需要进行语言技能和商务技能的训练，还必须进行文化教学，通过多种方式让学生掌握基本的外国文化知识及中华优秀传统文化知识，以此来培养学生的跨文化沟通能力，为其今后在真实的跨文化商务环境中进行有效交际、处理各种国际商务活动打下基础。

第二节　外语教学中的目的语文化教学

外语教学的发展在很大程度上受理论语言学发展的影响，因传统语言学、结构主义语言学、转换生成语言学都注重研究语言现象本身，所以外语教学长久以来重语法形式，轻功能内容，忽视文化教学。在语言教学的交际法兴起之前，语言文化教学呈现"分离式"特征，文化被看作是与语言剥离开来的知识。文化教学兴起于20世纪80年代，伴随着对外交流的需要和语言交际法教学的引入，外语学界开始意识到目的语文化在外语教学中的重要性。1980年，许国璋在《词汇的文化内涵与英语教学》中指出，"在英语教学中应充分注意英语国家的文化"[②]，这标志着我国外语教学界开始研究语言教学与文化的关系。1982年胡文仲在

① Kramsch C.Language and Culture［M］.London：Oxford University Press，1998：25.

② 许国璋.词汇的文化内涵与英语教学［J］.现代外语，1980（4）：19-24.

《文化差异与外语教学》一文中指出，"语言是文化的一种表现形式，不了解英美文化，要学好英语是不可能的。反过来说，越深刻细致地了解所学语言国家的历史、文化、传统、风俗习惯、生活方式以至生活细节，就越能正确理解和准确地使用这一语言"①。随后，祝畹瑾、邓炎昌与刘润清等学者介绍了跨文化交际性、社会语言学等，对文化与外语教学、中西文化对比等做了研究②③。

胡文仲与高一虹在《外语教学与文化》一书中系统且全面地探讨了文化的定义、分类，文化教学的意义和目的，文化教学的内容，文化大纲的制定，课程设置，教材的编写和选择，教学方法和技巧、测试等，并对文化教学面临的挑战进行了预测、提出了在大纲中设立社会文化项目表的建议④。许国璋、钟良弼等研究者将文化教学与语言要素相结合，研究词汇、语义、语篇的文化内涵⑤⑥。也有研究者将文化教学与文学课、阅读课、精读课、修辞课等不同的课程相结合，如杨俊峰将文化教学与文学课结合起来⑦，廖光蓉把文化教学与阅读课结合起来⑧，许爱军把文化教学和精读课结合起来⑨，王守元与刘振前把文化教学与修辞结合起来研究等等⑩。自从文化教学在我国外语教学中受到重视以后，我国的语言与文化的教学方式由以前的"分离式"逐步转变为"附加式"和"融合式"。例如，为了突显目的语文化因素，许多以语言知识为主的外语教材会在每一单元后面开辟专栏，专门介绍有关英语国家的历史传统、文学艺术、社会习俗等文化背景和文化知识。

① 胡文仲.文化差异与外语教学［J］.外语教学与研究，1982：45-51.

② 祝畹瑾.社会语言学概论［M］.长沙：湖南教育出版社，1992：56.

③ 邓炎昌，刘润清.语言与文化［M］.北京：外语教学与研究出版社，1989：23.

④ 胡文仲，高一虹.外语教学与文化［M］.长沙：湖南教育出版社，1997：66.

⑤ 许国璋.词汇的文化内涵与英语教学［J］.现代外语，1980（4）：19-24.

⑥ 钟良弼.从"蟋蟀"和"杜鹃"看词语的文化传统［J］.外语教学与研究，1991（1）：7-12.

⑦ 杨俊峰.文学在外语教学中的地位与作用［J］.外语与外语教学，2002（5）：31-33.

⑧ 廖光蓉.英语专业基础阶段阅读教学中文化导入的几个问题［J］.外语界，1999（1）：39-42.

⑨ 许爱军.高年级精读课与文化教学［J］.国际关系学院学报，1999（1）：20-25.

⑩ 王守元，刘振前.隐喻与文化教学［J］.外语教学，2003（1）：48-53.

第三节 外语教学中目的语文化
与母语文化的兼容并举

20世纪90年代以后，母语文化教育被纳入外语教学的重要内容。研究者们认识到，如果学习者牺牲自己的文化身份，仅使用目的语文化进行跨文化交际，即使交际成功了，也会失去跨文化交际的真正目的。随着研究的深入，研究者们日渐重视母语文化在文化教学中的作用，于是文化教学开始从单一的目的语文化向目的语文化和母语文化相结合的方向发展。研究者们认为，外语教学要与汉语文化教学相结合，强调要关注母语文化[①]；较高的母语文化素养对目的语文化的学习有正面影响，母语文化可以作为与外族文化进行对比的工具，在深刻地揭示外族文化重要性的同时，还能更深入地了解民族文化的本质特征[②]；母语文化能对学生民族文化进行心理调节，培养学生对外族文化和外语学习的积极态度，调动学生的外语学习积极性，提高目的语文化和母语文化的鉴赏力[③]；在双语教学热中应关注中华民族文化遗失问题，要加强中华民族传统文化的培养，可以用外语编写中国文化教科书[④]。

在意识到母语文化在英语文化教学中的重要性之后，外语课程的设置、教材的编写都开始重视母语文化。《高等学校英语专业英语教学大纲》明确指出，英语专业高年级学生要熟悉中国文化传统。许多高校的外语系在课程设置上开始增设中外思想文化课程和中国文化课程，出版社也陆续出版了一些用外语编写的和用英汉两种语言系统介绍中国文化的教材。

研究者们还认识到，既要给学习者传授文化知识，还要注重对学习者文化意识的培养。因为，单纯文化知识的学习不一定能形成文化意识或文化理解力，在跨文化交际中仍有交际失败的可能性，所以培养学生的文化意识和文化理解力，是外语文化教学的主要目标。蒲红梅认为，

---

① 赵厚宪，赵霞.论文化教学原则［J］.外语教学，2002（5）：73-77.

② 许力生.跨文化的交际能力问题探讨［J］.外语与外语教学，2000（7）：17-21.

③ 束定芳，庄智象.现代外语教学：理论、实践与方法［M］.上海：上海外语教育出版社，1996：77.

④ 许克琪."双语教学"热中应关注中华民族文化遗失问题［J］.外语教学，2004（3）：86-89.

在适量地讲授文化知识的同时，还应该培养学生独立地从外语材料中理解文化的主体认知能力①。文化教学具备两个层次，第一层为文化知识层，第二层为文化理解层，拥有文化知识并不意味着具有交际能力，文化知识是交际的起点，文化教学必须超越文化知识层，通过文化意识的桥梁，达到文化理解层，文化理解才是文化教学的最终目的。因此，重视目的语文化与母语文化的兼容并举，既要关注文化知识的传授，还要注重对学生文化意识和文化理解力的培养。

第四节　母语文化在外语教学中的重要性

母语文化培育是外语教学的重要内容，也是提高外语教学效果、培养学生跨文化交际能力的重要途径，母语文化融入外语教学的重要性体现在以下四个方面。

一、母语文化是培养跨文化交际能力的基础

对母语文化的理解是获得跨文化交际能力的基础，培育母语文化有助于提升跨文化交际能力。文化差异是国际商务和跨文化交际活动中最大的障碍，只有充分了解母语文化和目的语文化，才能理解二者间的文化差异，从而更好地实现跨文化交际的目的。成功的跨文化交际是以母语文化和目的语文化的相互平等为前提的，只有非常了解和熟悉母语文化，才能更好地理解目的语文化，并更好地实现跨文化交际的目的。因此，"要培养学生对英美文化的敏感性和洞察力，我们也必须引导和帮助学生了解本民族文化的传统、演变及各种表现形式"②。文秋芳将跨文化交际能力分为交际能力和跨文化能力，其中交际能力由语言能力、语用能力和策略能力三个方面组成；跨文化能力由对文化的敏感性、对文化差异的宽容性和处理文化差异的灵活性三个方面构成。其中，对文化差异的敏感性是一种识别文化差异的能力，交际者需要超越民族文化和国家文化，才能比较容易地发现交际双方在深层文化上的差异；对文化差异的宽容性，指能够抱着理解、宽容和尊重的态度来对待异国文

---

① 蒲红梅．外语文化教学与人文精神的培养［J］．山东外语教学，2001（1）：77-78.

② 杜瑞清．英语教学与英美文化［J］．外语教学，1987（03）：17-21.

化。对文化差异了解得越多，就越容易对异国文化采取宽容和尊重的态度。处理文化差异的灵活性指交际者能够根据双方文化背景，灵活地调整自己的交际行为，灵活地应对和消除由文化差异引起的交际冲突。在跨文化交际能力的模式中，各个方面的能力都要以对母语文化的深刻了解和掌握为前提，母语文化可以作为与外族文化进行对比的工具，这样才能对两种文化进行对比，从而形成对文化的敏感性、宽容性和灵活性①。

二、母语文化内容构成了外语教育教学的基础

2018年，教育部颁布《高等学校商务英语专业本科教学质量国家标准》，将熟悉中国语言文化知识纳入了英语专业本科生培养规格的知识要求当中，并要求英语专业本科生具有中国情怀与国际视野的素质。因此，外语教学不仅应包括英美国家的历史传统、文学艺术、社会习俗等文化内容，还应当包括中国的历史传统、社会制度、社会习俗等内容。钱冠连认为，不同文化有其共核的部分（母语文化和目的语文化的融合之处），外语教育应当重视文化共核部分的教育，这种文化共核部分教育与母语文化教学密切相关②。学习者在学习外语及其文化所传递的信息时，必须以母语文化为背景，通过母语文化的"过滤"，通过对两种文化的对比分析，发现母语文化与目的语文化的共性与差异，才能更好地实现跨文化交际。外语教学除了要实现跨文化交际以外，最终的目标是培养高素质的人才，而具备较高的母语文化素养能提高学生的综合文化素养和综合素质，母语文化素养的提高是学生综合素养提高的基础。扎实的母语文化素养能提高商务英语专业学生的文化敏感性和处理文化差异的灵活性，从而更好地应对复杂多变的国家商务环境。在商务英语教学中融入母语文化，在丰富学生中国传统文化知识的同时，还可以增强学生的民族文化意识和民族身份意识，使学生能够以中国视角看待外语知识和外国文化，更好地实现东西方文化交流。

---

① 文秋芳.英语口语测试与教学［M］.上海：上海外语教育出版社，1999.

② 钱冠连.美学语言学：语言美和言语美［M］.上海：华东师范大学出版社，2018：88.

三、提升母语文化素养能改善外语教学效果

在外语教学中融入母语文化教学能激发学生的学习兴趣，提高学习效果。学生对母语文化的认知与理解，是外语知识及外语文化学习的基础，将母语文化融入外语教材之中，能为学生提供更多的背景知识，激发学生的学习兴趣，取得良好的外语教学效果。如果不了解母语文化，在学习目的语文化时，很容易产生文化冲突和文化误解。在学校外语教学中开展母语文化培养，能够弥补传统学校外语教学的不足。在传统外语教学理念影响下，学生仅重视外语知识及文化学习，反而忽视了母语文化学习，片面重视目的语文化输入，忽视母语文化学习，会影响学生的跨文化交际能力，也会影响外语教学质量的提升。所以，母语文化素养的培育是外语教学的重要内容之一，将母语文化有机融入外语教材和教学过程中，可以改善外语教学的效果。

四、母语和母语文化的正迁移作用

外语学习中存在迁移现象。母语会影响外语的学习，学习者在学习外语时，会将母语的语音、词汇、语法、语义、语用和语篇等层面的规则，运用到外语学习中；当外语学习到一定程度以后，反过来也会对母语产生影响，母语和外语的相互影响的这种现象被称为迁移。迁移分为正迁移和负迁移。当母语对外语的学习有帮助和促进作用时，称为正迁移；当母语对外语的学习进行干扰和妨碍时，称为负迁移。束定芳与庄智象的研究表明，母语交际能力对外语交际能力的获得有辅助作用，母语交际能力强的外语学习者，其外语交际能力的获得也相对容易。母语与目的语的文化背景和语言结构越相似，交际能力正迁移的概率和规模就越大①。此外，"在目的语学习的过程中，目的语与母语水平的提高相得益彰；目的语文化与母语文化的鉴赏能力相互促进；学习者自身的潜能得以充分发挥。在生产性外语学习中，母语和母语文化起着积极的作用"②。因此，母语文化对外语学习至关重要，在商务英语教学中融入中华优秀传统文化，正是要充分发挥母语文化的正迁移作用，立足于母语文化的沉淀和

---

① 束定芳，庄智象.现代外语教学：理论、实践与方法［M］.上海：上海外语教育出版社，1996：23.

② 高一虹.生产性双语现象考察［J］.外语教学与研究，1994，（1）：59-64.

积累，通过中西文化对比进行，清除影响跨文化交际的障碍，更顺利地进行跨文化交际。

第五节　商务英语教学中文化教学的基本原则

将中华优秀传统文化融入商务英语教学，需要将英语语言文化、商务知识、跨文化交际知识和中华优秀传统文化知识相结合，注重培养学生的跨文化交际能力，提高学生的文化敏感性、文化认同性和灵活性，加强学生用英语讲好中国故事的能力，在外语教学中实施目的语文化和母语文化兼容并举。在跨文化交际中，交际双方要变换视角，跳出自我文化价值的束缚，在了解双方的民族文化心理的基础上，客观地看待和评价对方的所作所为，求同存异，实现平等交流。商务英语教学中的母语文化教学要坚持以下原则。

一、综合性原则

文化是一个综合体，中华优秀传统文化包罗万象，内涵丰富，以"讲仁爱、重民本、守诚信、崇正义、尚和合、求大同"为精神特质，既注重"自强不息""厚德载物"的民族精神，又崇尚"和谐统一""和合共生"的价值原则，还倡导"中和中庸""修身养性"的修养境界。所以在商务英语课堂上，教师应从宏观着眼、微观入手，将中国传统文化涉及的社会、历史、文学、风俗等内容融入实际的教学过程中，使学生从整体性和理性的视角看待中国传统文化，真正做到"融会贯通"。需要注意的是，中国优秀传统文化的融入不是生搬硬套、强加于商务英语教学中的，而是构建课程群，在整体教学框架内进行的，目的是让学生更好地掌握英语学习的知识和技能，提高文化意识、文化理解力和人格修养。

二、对比原则

商务英语教学中坚持文化对比的原则，就是将中华优秀传统文化和西方文化进行对照、比较和分析，归纳总结出二者的相同点和差异，透过两种文化现象的差异，了解不同民族的思维方式和价值观念的差异，理解不同民族的不同文化行为，避免从自己的文化视角去衡量外国文化，提高文化敏感性、理解力和思辨能力，能区分可以接受的文化部分和不能接受的文化部分，防止不假思索地全盘接收外国文化。通过中西文化对比，提高文化意识、文化敏感性和文化理解力，从而提高跨文化交际能力。

三、适应原则

John H. Schumann（约翰·舒曼）将第二语言习得者面对目的语群体文化时可能采取的态度，分为三种典型策略：文化同化、文化保留和文化适应。文化同化是指外语学习者在面对目的语文化时，放弃自己原有的生活方式和价值观念，学习者完全认同并全盘接受目的语文化的生活方式和价值观念，在学习者的母语文化被同化后，自己的语言和文化将不复存在；文化保留是指外语学习者保留了自己的生活方式和价值观念，同时拒绝和排除了目的语文化的生活方式和价值观念，学习者如果拒绝目的语文化的生活方式和价值观念，则难以理解目的语文化，也就难以学好目的语；文化适应是指学习者一方面保留自己的生活方式和价值观念，不会完全被同化；另一方面也接受了目的语文化的生活方式和价值观念，为自己的语言学习提供文化背景。可见，在商务英语的学习中，应该采取文化适应策略，学习者能够认同目的语文化中对母语文化有益的内容，能够理解目的语群体的行为，但不被同化，通过对目的语文化的信息进行去粗取精、去伪存真、由此及彼、由表及里的改造和调整，吸收其中的有益部分。文化适应原则是商务英语教学中融入文化教学时应遵循的原则。

四、相关性原则

相关性原则是指所有融入了中华优秀传统文化的教学内容，都应与教材内容和教学目标有关。教师在进行文化教学时，必须围绕教材和教学大纲的要求，教授与课文内容相关的文化信息，该信息要与学生所学的语言知识和商务知识紧密联系，不能脱离实际，也不能任意融入或漫无边际、毫无目标地融入；同时，还要考虑将来学生有可能从事的职业，文化教学内容要和语言交际实践紧密结合，文化教学不仅是向学生传授文化知识，而且最重要的是通过文化教学使学生正确理解和掌握语言知识和商务知识，并能得体地进行跨文化交际，顺利地在国际商务的背景下开展工作。

五、阶段性原则

在融入中华传统文化时应遵循阶段性原则，力求做到"循序而渐进，熟读而精思"，融入的中华优秀传统文化内容应与学生所处的语言阶段和学生的身心发展阶段相适应。教师先要对学生的英语语言基础、思考能力、分析能力、理解能力、大学生的身心发展特点等进行了解和准确定位，然后根据教学目标和课程内容的重难点，由浅入深、由易到难、由简到繁地进行中华优秀传统文化的融入。例如，在低年级阶段，融入的内容可以是饮食、服饰、传说、风俗、礼仪等生活化的文化知识；在高年级阶段，融入的内容可上升为文学、科技、艺术等较为抽象和深奥的文化知识。

H. Douglas Brown（H·道格拉斯·布朗）指出，在体验一种新的文化的过程中，人们通常要经历文化适应的四个连续阶段，分别为：陌生阶段、文化冲击阶段、渐进式恢复阶段、接纳阶段。陌生阶段为第一阶段是学习者感受到全新的文化，对新的环境感到新鲜、兴奋和愉快的阶段；第二阶段是文化冲击阶段，是指学习者感受到全新的文化后，意识到新文化与自己熟悉的文化之间的差异，而感到不知所措，自我意识受到冲击而产生焦虑感的阶段；第三阶段是渐进式恢复阶段，是指学习者在接纳新文化的过程中，重新回到自己熟悉文化的自如状态，呈现出试探性、摇摆不定的阶段，这一阶段是学习者感知社会距离的最佳阶段，也是学习者感受最佳认知和情感紧张的阶段，学习者经受的学习语言的必要压力能够有力地推动语言学习；第四个阶段是接纳阶段，通过同化或适应，处于新文化中的学习者开始接受新文化，并对"全新的"自己充满自信[①]。文化适应的四个连续阶段要求，在商务英语教学中融入文化教学应遵循由浅入深、由简单到复杂、由现象到本质、循序渐进的阶段性原则。教师在选择文化教学的内容时，要考虑到学生的语言水平、理解能力和接受能力。例如，可以先融入词语文化，再融入话语文化，因为词语文化与话语文化相比，词语文化所涉及的因素比话语文化更为简单，但词语文化内部也有涉及文化的复杂方面，因此在安排教学内容时要充分考虑到这方面的因素，先易后难，在不同的学习阶段，融入适合学习者语言水平和理解能力的文化。

---

① Brown H D.Principles of Language Learning and Teaching（Third Edition）[M]. Taipei：Prentice Hall Regents，1994：63.

六、启发性原则

在教学中坚持启发性的原则，古已有之。从苏格拉底创立的问答法，到孔子提出的"不愤不启，不悱不发"，再到朱熹提倡的"启，谓开其意；发，谓达其辞"等，都强调教学中要以学生为中心，引导学生发现问题、分析和思考问题，通过学生的独立思考和积极自主地探索，最终获得知识，增长能力。将中华优秀传统文化融入商务英语教学，要坚持融入性和启发性相统一。教师根据教学大纲和授课计划，通过创设问题情景和设立疑问等方式，激发学生的求知欲，通过提问、启发和引导学生进行自主学习和研究。在探寻问题答案的同时，学生的抽象思维能力、批判性思维能力和创新性思维能力能够得到训练。商务英语教学中坚持启发性的原则对教师提出较高要求：一方面，教师要增强理论知识的学习，拥有扎实的中国文化素养和西方文化知识，学识渊博，在钻研教材的基础上，准确把握中国文化的切入点，设计富有新颖性、启发性、深刻性的问题；另一方面，要思考"如何融入、如何启发、何时融入、何时启发"等问题。要求教师善于把握融入和启发的时机和艺术，灵活运用多元的教学方法，做到"融中有启""启中有融""适时启之"，达到醍醐灌顶、升华融入的效果。教师要坚持以学生为中心，从学生的思维特点、心理状态、认知能力、生活经验等实际情况出发，因势利导，循循善诱，引导学生进行比较、找出联系、分析差异、判断是非、畅所欲言，通过"启发、自主、合作、探究"的方式，打开学生的思维大门，真正让学生启迪智慧、学有所获。

第三章 中华优秀传统文化融入商务英语教学的内容

中华文化博大精深，在历经五千多年劳动人民的社会实践和思想家的提炼后，逐渐形成了丰厚的精神财富，成为民族生存和发展的精神支柱。根据 2014 年教育部颁发的《完善中华优秀传统文化教育指导纲要》，开展中华优秀传统文化教育，可从"开展以天下兴亡、匹夫有责为重点的家国情怀教育""开展以仁爱共济、立己达人为重点的社会关爱教育""开展以正心笃志、崇德弘毅为重点的人格修养教育"三个维度来实践。根据 2017 年中共中央办公厅、国务院办公厅印发的《关于实施中华优秀传统文化传承发展工程的意见》，中华优秀传统文化包括核心思想理念、中华传统美德、中华人文精神三个方面的内容。因此，我们要认真汲取中华优秀传统文化的思想精华和道德精髓，大力弘扬以爱国主义为核心的民族精神和以改革创新为核心的时代精神，深入挖掘和阐发中华优秀传统文化讲仁爱、重民本、守诚信、崇正义、尚和合、求大同的时代价值。

基于此，本章将探讨中华优秀传统文化融入商务英语教学的内容。在中华优秀传统文化融入商务英语教学工作，要以上述文件精神为指导，充分挖掘中华优秀传统文化中的宝贵资源，并将其有机融入商务英语教学中。融入商务英语教学的中华优秀传统文化主要可以分为七类：第一，探寻人与自然关系的"天人合一"的思想；第二，探寻人与社会（国家）关系的"讲仁爱""求大同""尚和合"的思想；第三，探寻人与自我关系的"修身养性""为人之道"的智慧；第四，中华优秀传统文化中"重民本""崇正义"的理念；第五，中华民族的语言习惯；第六，中华民族时代传承的行为方式和行为模式；第七，新时代的中国故事。

第一节　中华传统文化中的优秀思想理念

一、探寻人与自然关系的"天人合一"的思想

（一）"天人合一"

中华传统文化中，儒、释、道三家都有"天人合一"的思想，"天人合一"是中国传统文化中最重要的思想之一。"天人合一"阐明了"天"和"人"之间的关系，"天"指"天地""宇宙""天然""自然而然"，"人"是天地所生万物之灵。《尚书·泰誓》中有："惟天地，万物之母；惟人，万物之灵。"《孝经》中有："天地之性（生），人为贵。"《荀子·天论》中有："天有其时，地有其财，人有其治，夫是之能参。"这里的"参"字是"叁"的意思，整句话的意思是说，人以其能治天时地财而用之，因而与天地并列为三。而在天、地、人三者中，人是处于一种能动的、主动的地位。从生养人与万物来讲，当然天地是其根本；然而从治理人与万物来讲，人是具有主观能动性的，具有主动权，就这方面说，人在天地万物之中处于一种核心的地位。在四大域中（道大、天大、地大、人亦大）占有一席之地，"人"可以在遵循自然规律的基础上，"制天命而用之"。"合一"指将人的主观能动性与客观规律相结合，将二者融为一体。

"天人合一"有三层含义：

第一，天地万物有则，大自然是主宰一切的力量，自然界是一个有机运行的整体，各个要素相互依存。人是自然界的一部分，人可以利用主观能动性对天、地、人进行合理利用，不违天时，择善而行，人要向天地万物学习，尊重自然的规律。

第二，要以人为本。在中国文化里，人是万物之灵，参与了天地宇宙的变化，人在治理和改造自然时，必须要充分发挥人的智慧和能力，达到"天时地利人和"。因此，儒、释、道三家都强调要以人为本，尊重人的主体性和独立性，但是人不能随意地发挥主观能动性，要以尊重自然规律为前提。

第三，人应该学习"天"的诚信。"天"自然而然，尊重万物的本性。"天"

道变化，遵循春生夏长、秋收冬藏的四季运行规律，这体现了"天"的"诚"。如果"诚"被打破了，万物就不能生长；如果人不讲诚信，就无法立身。儒家文化把诚信作为人生的基本信仰，"诚者天之道，诚之者人之道"，守诚信就是天道，人要按照天道去做，人遵守大自然的自然选择就是"天人合一"。"天人合一"的思想已经融入了中华民族的民族性格中，内化于国人待人处世的思想观念和行为方式，外化于依山傍水的建筑、浑然天成的山水画、行云流水的书法等艺术，处处彰显着人与自然和谐一体的审美观。

（二）将"天人合一"的思想融入商务英语教学的方法

将"天人合一"的思想融入商务英语教学，可以从以下方面着手：

第一，开展"人类顺应自然，与大自然和谐共存"的生态保护意识教育。人居于天地间，与万物相生相长，人应该遵循天地运行之道，遵循自然规律，才能达到和谐状态。随着经济的发展，工业化、机械化、功利主义将人和自然割裂，大自然成为人类过度索取的对象，带来了环境污染和生态平衡的破坏。因此，对自然资源应该取之有度、节用节度、适度开发，实现可持续发展。大学生应该树立勤俭节约的意识和环保意识，从身边的小事做起，节约粮食、节水省电、理性消费，提倡科学文明健康的生活方式。

第二，教育学生学习"整体共生、整体关联和动态平衡"的思维方式和意识。这种思维方式最直接的体现就是太极图。在太极图中，阴阳共存，相互依赖，并能够在运动中获得动态平衡。这种整体共生的思维，在自然界中表现为：动物与植物、动植物与微生物，都是彼此依赖共存的状态。因其道德意识的特殊存在，人生活在大自然中，人与自然的共生超越了生物圈内的共生，这种共生是旨在促进不同生物体有意识、有思想的共生。共生的思想不同于主客二分对立的思想：共生思想是你中有我，我中有你，肯定他者的价值，注重两者的相互关系与相互作用，强调互利共生的和谐格局，在和谐共存中生成价值；二分对立思想是非此即彼、此消彼长，容易陷入抗争与对立、消灭与征服之中，在自然界中体现为人与自然的区别与对立，这种对立直接导致了人与自然的冲突。在商务英语教学中融入共生思想，引导学生理解共生是人、自然及文化和谐共同促进的理念，共生理念教育下的人应该对生命有关怀，致力于维护人与自然的和谐共存。此外，在全球化的今天，不同文化背景不同国家的人，也应该相互尊重、承认、共生。

第三，培养学生尊重万物本性、讲诚信的品质。天地最讲诚，人也要讲诚。

中华民族历来重视诚信，诚信不仅是立身之本、做人准则和处世哲学，而且是民族的生存之基和基本道德。这就是从天地中学来的，也是中国文化重要的传统。对商务英语专业学习开展诚信教育尤为必要，诚信是商业的根基，要培养学生真切诚实、信守承诺的人格修养，做到"言必信，行必果"，诚信是我们安身立命之根本，也是营造良好和谐的人际关系的前提，更是社会有序运动的规则和社会进步的精神财富。诚信不仅对个人和社会有重要意义，诚信对企业来讲是黄金资产，诚实还是一个国家的软实力，更是不同民族友好往来的道德基石。诚实守信是中国传统道德建设的基础，还是社会主义核心价值观的重要内容，因此，大学生要培养诚信品质，坚守诚信，继承和弘扬社会主义核心价值观。

二、探寻人与社会（国家）关系的"讲仁爱""求大同""尚和合"的思想

（一）"讲仁爱"

儒家思想的核心是"仁"，"讲仁爱"是中华文化的核心力量和中华民族的核心价值观。"仁"和"人"读音相同，是人之所以成为人的根本特征，象征着中国精神，"仁"在《论语》中反复出现，是中华文化道德中最基本和最普遍的道德标准。《说文·人部》中有："仁，亲也，从人。从二。"这句话的意思是，仁是在两个人或两个以上的人交往中展现出的对他人的友善，发端于"同情心"。《论语·颜渊》中有："樊迟问'仁'，子曰：'爱人'。""仁"在这里指"有爱心、爱人"，不仅心中有他人，行动上也要尊重和爱护他人。《论语·公冶长》中有："老者安之，朋友信之，少者怀之。"告诉我们如何爱护他人，对年长者要关怀尊敬，对待朋友要讲诚信，对待青少年要注重教育。"仁"是道德规范，也是衡量善恶的标准。"仁"具体又分为："恭、宽、信、敏、惠"，"能行五者于天下为人矣"。"恭"指"庄重、自尊"；"宽"指"宽以待人，严以律己"；"信"指"诚实信用"，"敏"指"勤劳认真"；"惠"指"乐于助人"，如果这五点都做到了，就是"仁爱"。"老吾老以及人之老，幼吾幼以及人之幼""穷则独善其身，达则兼济天下""君子以仁存心，

以礼存心。仁者爱人，有礼者敬人。爱人者人恒爱之，敬人者人恒敬之"，这些古人名言都体现了中华文化"讲仁爱"的民族精神和社会风尚。"仁"的精神可以促进人类矛盾的化解和不同文化之间进行沟通，所以倡导"仁义礼智信"，成为中国人追求的道德修养和人生境界。

将"仁爱"的思想融入商务英语教学，就是对大学生进行社会关爱教育，坚持"仁爱共济，立己达人"。引导学生尊重他人和容忍他人，帮助需要帮助的人，设身处地地为他人着想。"仁爱"不仅包括对国家、对民族、对学校、对老师、对同学的仁爱，还包括对亲朋邻里、对人民群众、对自己、对自然万物的仁爱等。

（二）"求大同"

"求大同"是中华文化里的美好愿景和社会理想。"求大同"是指追求天下大同，大同世界，包括"天下为公"的政治理念、"选贤与能"的为政方略、"讲信修睦"的社会秩序，它反映了中华民族对人类终极理想社会的向往。这种理想包含两个层面：第一，在道德层面，人们为了共同的利益而劳动，没有利己私心，社会中所有成员都能得到好的照顾，每个人都是友善无私的，社会关系是平等和谐的。第二，在民族及国家关系层面，在中国古代，"大同"可以理解为，追求各个民族、各个国家之间和平友好共处，实现共同发展和天下一家的梦想，大同理想是中华民族善良和美好情感的结晶。大同思想传达着爱国主义的民族深情和团结统一的价值取向。中国古代对大同世界的描绘和阐发想象丰富，情感真挚，令人向往，激励着一代又一代的仁人志士为之矢志奋斗。在今天，大同思想仍有重要意义。大同思想是"中国梦"的根基和最高目标，是引导我们前行的美好理想和持久动力，有助于我们审视和反思今天的社会生活，帮助我们更好地理解和树立社会主义核心价值观，为实现中华民族的伟大复兴而努力奋斗。"求大同"的思想与"自由、民主、平等、公平、正义"等现代价值观是一致的。

在商务英语教学中弘扬中国传统文化中的大同思想，有助于彰显中华文化的魅力，拓展与其他文化对话的空间。倡导天下一家的大同理想，还有助于增进各国人民之间的相互理解和感情，促进国际社会的和平与稳定。

（三）"尚和合"

"尚和合"的和合思想是中华文化的独特品质，源远流长。"和"和"合"最早出现在甲骨文和金文中。和合思想内涵丰富，"和"最初意为"声音和音乐的和谐"，之后引申为"和睦、和善、中和"等意思；"合"最初指"上下唇合拢"，之后引申为"汇合、结合、联合、融合、合作"等。和合思想源自古代的农耕自然经济，强调与自然力量的和合，以及人与人之间的和合，因为"合"能推动事物的发展，所以中华文化"重和不重争，重合不重分"，即便是性质和作用不同，甚至是相反的范畴，如"阴阳、上下、进退、取舍、分合"等，也能相互融合，和谐为一体。"阴阳、上下、进退、取舍、分合"等矛盾推动着万物动态平衡发展，最终实现"生生不息"。在中华民族的历史长河中，不同的文化、地域等不断融合，和谐共存，取长补短，最终保证了中华民族几千年来的生生不息和繁荣昌盛。

将和合思想融入商务英语教学，可以从以下方面着手：第一，引导学生理解和合思想，将其作为社会主义核心价值观的重要源泉，与社会主义核心价值观中"和谐"的内涵是一致的。第二，"君子和而不同"，在人际交往中，要尊重差异性的存在，友善和谐；在团队协作中，要尊重成员的个性，明确分工，相互配合；在商务活动中，既要在竞争中合作，又要在合作中竞争，最终实现相互促进，资源共享，实现共赢。第三，在新时代，商务英语专业学生要以构建"人类命运共同体"为价值理想和使命，维护世界和平，为推动探索合理和平的世界秩序而努力。

三、探寻人与自我关系的"修身养性""为人之道"的智慧

（一）"修身养性"与"为人之道"

1."修身养性"

中华传统文化中，"修身养性"是指每个人都要自觉、自律地提升自己的修养和品德。"修"指"修理、雕琢"；"身"指人的"性格、素质"等，"修养"指的是"磨炼人格"，"养"指"供养、培养"，"修身养性"是指"磨炼人格、提升自我道德"。"修身养性"的思想强调自我生长，突出人的主观能动性，体现出中华文化中以人为本的根本精神。"修身"一词在《周易》《大学》《中庸》《庄子》《荀子》等先秦典籍中都有出现。《礼记·大学》记载，"大学之道，在明明德，在亲民，在止于至善。"，强调大学的宗旨在于弘扬光明正大的品德，不断进行自我革新，最终达

到尽善尽美的境界。每个人都有光明正大的品德，我们要把这些品德发扬光大。"大学之道"的核心是"三纲八目"，其中"三纲"（明明德，亲民，止于至善）要求，通过后天的学习和修行，彰显自身的内在品德，然后关心周围的人，为人民服务，做事情力求尽善尽美，展现自性本德；"八目"为"格物、致知、诚意、正心、修身、齐家、治国、平天下"，其中"修身"是关键，警示人们要放下贪婪，不为物欲所困，才能显现自身的德行，意念真诚、乐善好施、心地正直、品行端正、严以律己，不断提高自己的道德修养，在管理和服务好自己家庭的基础上，以至善至美的德行服务人民。修炼高尚的品德和厚德载物的博大胸怀，用实际行动在实践中提升自己，是"齐家、治国、平天下"的根本。荀子认为"君子役物，小人役于物"，修炼好个人品德，才能不被物欲所引诱和控制。

此外，在中国传统文化中，是否具有伦理观念和道德品质被认为是区别人与动物的根本标志。《论语·为政》中有："今之孝者，是谓能养。至于犬马，皆能有养；不敬，何以别乎？"《孟子·离娄下》中有："人之所以异于禽兽者几希，庶民去之，君子存之。"孔子和孟子论述都强调，具备良好的品德和伦理观念，是人与动物的根本区别。

2."为人之道"

古人追求"为人之道"的智慧。无论是孔子的"士志于道""朝闻道，夕死可矣"，还是庄子的"道通为一"，或是佛教的"夜睹明星而悟道"，无一不主张用"道"来贯通一切，以身行道。求道、悟道、证道和传道在中华文化里具有特殊意义，为人之道就是要诚意正心，不断提升和完善自己，而且"与其坐而论道，不如起而行之"，在明白了为人之道以后，还要行动起来做一些对社会有意义的事情，力求"持平常心，行本分事，成自在人"。"持平常心"要求在日常生活中，心态平和，做事情任劳任怨，坦然面对赞扬与批评，稳中求进，不急不躁，不急功近利。"做本分事"意味着，无论在怎样的工作岗位上参与何种工作，都要兢兢业业，要尽职尽责地做事情，"君子素其位而行"。"成自在人"意味着，能够体悟事物的发展规律，精神上轻松喜悦，为人豁达，到达自性自由的境界。

（二）将"修身养性""为人之道"的智慧融入商务英语教学的方法

将"修身养性""为人之道"的智慧融入商务英语教学，可以从以下方面着手。

第一，对学生进行人格教育。将中国文化中"明道、正义、节制物欲、修养人格"等观念融入商务英语教学。成长于优越环境的大学生，尤其需要培养修养人格。把对学生人格的培养、确立和提升放在重要位置，把社会主义核心价值观、道德规范的教育和道德品质的养成看作教育之根基，强调友爱、宽厚、诚信、毅力、自律和独立等优良品质，提高大学生的人格修养，使之不断地发展和超越自我。其中，引导学生正确认识道德伦理与物欲的关系问题是培养、确立和提升人格的关键，还要引导学生抵御金钱至上、娱乐至上、消费主义陷阱等，避免由此而造成的自我失落和精神空虚，引导学生树立正确的人生观和财富观，"不为物役"，不能被物欲腐蚀，培养学生的独立性和主体性。在日常生活和学习中，大学生要修身养性，自觉践行社会主义核心价值观，并将其转化为内在的品格，坚持在德育实践中培养人格。

第二，引导学生"吾日三省吾身"，不断完善人格。第一，在日常生活中，反躬自省，不断提高自我修养，自觉自律，找到为人处世的恰当方法，理解人生的价值和意义，树立远大的理想，构建良好的精神家园。第二，持平常心，尽职尽责地做事情。在学校求学时就一心一意搞好学业；踏入社会参加工作就兢兢业业、爱岗敬业；成家以后在家庭中扮演好自己的角色，在人生的各个阶段，都能尽好自己的责任和义务，把分内的事情做好。第三，在科技迅猛发展的今天，人类改造和支配自然资源的力量比以往任何时候都强大，更需要尊重自然、节制欲望、时常反省、尊重他人、对自我进行约束，做到"己所不欲，勿施于人"。

四、中华优秀传统文化中"重民本""崇正义"的理念

（一）"重民本"与"崇正义"

1."重民本"

"民本"是指"以民为本"，这是中国古代政治思想的重要理念和中华文化的价值追求。《孟子·尽心章句下》中有："民为贵，社稷次之，君为轻。"即民贵君轻。《尚书》中有："民为邦本，本固邦宁。"这是民本思想的渊源，体现了中华优秀传统文化以民为本的精神和仁民爱物的仁爱精神。"民本"思想包括三层观念：第一，"立君为民"，国家与君主的权利源自人民；第二，"民为邦本"，人民是国家政治稳

定的基础；第三，"爱民养民"，执政者的目标是要让百姓过上好日子。"民本"既是道德原则，又体现了"仁爱"的道德追求，是政治领域中被具体化的道德追求。传统的"民本"思想同我们今天主张的"民主"有共同之处，都强调人民当家作主，重视人民群众的利益，是一切工作的出发点和落脚点，体现了民本思想中"民利至上"和"重视民意"的崇高道德追求。社会主义核心价值观中的"民主"，是马克思主义民主观和中国传统民本思想相结合的新型民主思想，是中国特色社会主义建设中的一种综合创新的思想。"民本"思想产生于中国古代，虽跨越千年，但仍然具有重要的当代价值，值得吸收和借鉴。在今天，民本思想是社会主义核心价值观中"民主"的重要源泉，传统文化中的民本思想对现代的启示意义在于，要执政为民、取信于民、广开言路、顺应民心、富国利民，人民是国家的根本，所以要扎根人民，全心全意为人民谋福祉，在任何时候都把人民的利益放在首位。

2. "崇正义"

"正义"是中华文化的伦理原则，是中华优秀传统文化的重要组成部分，"正"指"正当、合适、公正"，"义"指"正当、应当、适宜"，正义体现了个人的人格尊严和社会的精神追求。中华民族历来崇尚公平正义，传统文化中的"正义"思想，指"天下为公"的精神、"人人平等"的社会关系、"以正治国""坚持道义""重义轻利"的正义精神。"崇正义"的思想早已植根于中华民族的血脉中，一批又一批的仁人志士，不畏强暴、前赴后继、不屈不挠，用满腔的正义和高尚品德，在国家和民族存亡的危急时刻，挺身而出，保家卫国，为国家民族的繁荣作出了巨大贡献。

（二）将"重民本""崇正义"的理念融入商务英语教学的方法

将"重民本""崇正义"的中华传统价值观融入商务英语教学，将"重民本""崇正义"的中华美德发扬光大，是文化育人和弘扬社会主义核心价值观的重要部分。

第一，要让学生明白，"重民本""崇正义"的内涵与社会主义核心价值观倡导的"平等、公正"等价值理念是一致的。

第二，新时代的"民本"与"正义"具有新的时代内涵。作为大学生，需要培养正气，培养见义勇为、重义轻利的品质；学会尊重和平等；

在社会生活中自主自立，尊重他人，与他人进行平等而真诚的合作；乐于奉献，鞠躬尽瘁，团结奋进，积极履行作为社会一员的道德义务和责任。只有个人具备正义之气，民族才有强大的凝聚力，才能实现经济的发展和社会的繁荣稳定。

"重民本""崇正义"不仅是中华民族的价值追求，也是人类社会共同的追求，是人类文明发展进步的重要保障。

第二节　中华民族的语言习惯

中华民族的语言具有悠久的历史。《淮南子·本经训》中有："昔者仓颉作书，而天雨粟，鬼夜哭。"汉字的发明意义非凡，汉字就像一道光照亮了中华文明。从仓颉造字开始，富有感情色彩的象形字便成为中华民族情感表达的重要媒介。汉字是时间长河的纽带，它让我们的历史、精神财富、文明和灵魂传承至今。世界上比汉字更古老的文字，如古埃及的象形文字、美洲的玛雅文字、巴比伦的楔形文字，已被历史的长河湮没，唯独汉字经久不衰，成为当今世界上唯一仍在继续使用的、有着严密体系的文字，并在信息时代中依然迸发生机。汉语作为联合国通用语言，是世界上使用人数最多、使用范围最广的语言。

一、汉语的独特魅力

汉语形美如画，音美如歌，意美如诗，具有独特的魅力。

第一，汉字的形义之美。汉字是表意文字，意蕴丰富。每一个汉字都像一条漫长的溪流，都有自己的源头，随着时光流转和年代演进，不断地吸纳和连接众多支脉，汇聚成深邃摇荡的语义之河。汉字是以视觉为主导的象形符号，是古人经上观宇宙星辰、下观天地万物所创造，是静态的（以静观动，静观其变），侧重于记录的（起源于结绳记事）。视觉文字比听觉语言更能够察觉细微、多样的差别，并且视觉可以允许多个印象同时并存（一字多意），具有时间悠久和空间博大的双重特点，这是字母语言所没有的能力。所以，汉字的艺术性往往与传统绘画相互关联。汉字横平竖直的书写方法，也体现了传统文化中"中正平和"的美。汉字是兼具形、音、义为一体的表意文字系统，中国人将自己对外部世界的认识、自身的情感体验和道德标准都蕴藏在文字符号里。《礼记》中有：

"修身践言，谓之善行。行修言道，礼之质也。"一个人语言表达的一字一句，都体现了他的思想与内心的修养。由于汉字超时空性的表意功能，使中华民族拥有共同的文化基础，促进了中华民族的融合发展。

第二，汉语的语音之美。汉语普通话是一种优美动听的语言，具有语音之美；汉语中的元音占多数，而元音是乐音，因而具有乐音之美。汉语的音节构成包括声母、韵母和声调。音节构成声韵交替，界限分明，结构中元音占优势，汉语音节中可以没有辅音，但不能没有元音。一个音节可以只由一个单元音或者一个复元音构成，但同时由复元音构成的音节也比较多，而元音是乐音，所以汉语语音乐音成分比例大，特别响亮，也特别容易发出。汉语一个音节最多包含两个辅音，无论开头或是结尾都没有两个或三个辅音连在一起的现象。浊辅音中的鼻音、边音等也有乐音性质，清辅音声音也比较柔和。因此，汉语音节的界限分明，优美动听。汉语是有声调的语言，声调是汉语音节结构中不可缺少的成分，普通话的声调类型有四种：高平调、中升调、降升调和全降调。声母韵母相同的音节，往往靠不同的声调来表示不同的意义。声调使语音抑扬顿挫、悦耳动听，既具有美感，又使汉语更富有表现力和感情色彩，于是形成了汉语音乐性强的特殊风格。汉语中许多优秀的律诗，都会有规律地在诗词中交替使用平仄，交替规律使用的平仄形成了抑扬起伏、悦耳动听的音律美。

第三，汉语的语意之美。汉语的语意之美主要体现在其词语的多义性、同音现象和形象性上。任何语言都存在一词多义的现象，但汉语词语的多义程度却是最突出典型的，利用这个特点汉语在表述上就既可以一语双关、话外有音，又能曲折委婉地表达自己的思想，还可以把话说得幽默诙谐。同音词多也是汉语特有的现象，虽然它给学习汉语带来一定的困难，但熟练应用后就能产生积极的修辞效果，尤其用于揭露和讽刺，往往能加强力量与效果。利用汉语词义形象性的特征也能引人联想，增强语言感染力的效果。

二、将汉字文化融入商务英语教学的方法

将汉字文化融入商务英语教学，可以从以下方面着手：

第一，引导学生了解和欣赏汉字的魅力。我们今天读写习以为常的汉字，是世界上独一无二的文字，要心怀感恩，心存敬畏，每一个汉字，每一笔一划，都浸染着历史的传承。汉字是中华文化的基因，只有了解

和理解汉字，领会汉字的文化内涵，才能从根本上把握中华文化的精髓，并继承中华优秀传统文化。汉字对世界尤其周边国家产生了深远的影响，为世界文明发展作出了重大贡献。随着中国综合国力的提升和文化自信的增强，中华优秀传统文化受到高度重视，作为了解中华文化的入口，汉字备受瞩目。历史悠久的汉字文明，是建立文化自信、推进文化繁荣的不竭源泉。了解和欣赏汉字的魅力，才能更好地进行中华文化的传播，引导学生挖掘汉字的文化内涵。在信息化时代，人们习惯用计算机或手机键盘打字，很少去一笔一画地书写汉字，在现代人眼中汉字慢慢失去了神形兼备的韵味。当学生敲击键盘的速度越来越快时，书写汉字的水平却在逐渐退步，但汉字自身就是一座文化宝藏，只有感受汉字之美、了解汉字之源、明白汉字之意，才能真正把汉字当作文化来传承。汉字已经成为重要的文化资源，是世界人民增进文化认同、加强交流合作、谋求共同发展的桥梁。

第二，引导学生进行汉英对比研究。帮助学生认识英语和汉语在表层、中层、深层上的差异，尽可能用汉语来跟英语作比较，才能更加深刻地理解两种语言的差异，积极利用母语的正迁移，排除负迁移，"知己知彼，百战不殆"，达到正确运用外语的目的。表层的对比，即汉语和英文在结构、形式和语义上的对比。例如，语音（语音语调、词与句子的重音、朗读的节奏等）、文字（象形表意文字、表音文字、形声文字等）、词语（构词法、词的形态特征、词的界定、习语、虚词等）、语义（语义关系、词语搭配、感情色彩、国情特色、语用背景等）、句法（句子成分与结构、句型、语序等）、篇章（语篇的衔接与连贯、语句的逻辑扩展模式、篇章结构等）。中层的对比，指表达方式和方法的对比，如语法、修辞、逻辑、语体、语用等方面在表达方式方法上的对比（形合与意合、繁复与简短、物称与人称、被动与主动、静态与动态、抽象与具体、间接与直接、替换与重复等）。深层的对比，指中西文化和思维方式的差异在英汉语言上的表现，如理性思维与悟性思维等。还可以引导学生进行专题对比分析，如英汉化妆品广告语篇劝说策略对比研究、英汉商务语篇对比研究、英汉商务信函中模糊限制语使用的对比研究、商务英语常用介词英汉对比研究、英汉商务表达中的概念隐喻对比分析等。英汉对比研究，有利于进行商务英语翻译，帮助学生更好地掌握商务英语翻译的技巧，如词义的选择、词类的转换、增词减词、省略、重复、替代、词义引申、正说反译与反说正译、分句与合句等，通过语言差异和文化差异的对比，更好地进行商务英语翻译。英汉对比研究不仅有利于教学和翻译,也有助于语言交际。通过对比分析,学生可以进一步认识外语和母语的特点,在进行交际时,能够有意识地注意不同语言各自的表达法,更好地适应差异,防止错误的表达,避免语用不当,从而更好地实现商务沟通和交际目的。

第三节　中华民族时代传承的行为方式和行为模式

一、中华民族时代传承的礼仪文化

(一)礼仪文化

中国是礼仪之邦,传统礼仪文化贯穿于中华文明的始终。孔子认为,"不学礼,无以立""能以礼让为国乎,何有?不能以礼让为国,如礼何",礼是治国安邦的基础。荀子认为,"礼仪者,治之始也""礼仪制而制法度",礼可与法相提并论。管子认为,"礼义廉耻,国之四维,四维不张,国乃灭亡",他把礼仪视为立国的精神之本。礼仪分为仪礼、礼节和礼貌三个方面:仪礼是指在公共场合的仪式,表示重视、隆重、盛大等;礼节是指人与人开展行为活动的基本准则;礼貌是指人的内在表现和个人道德修养的表现,礼貌是相互的,是对人的尊重态度。礼仪文化的内容涉及范围广、内容丰富。

"仁"是礼仪文化的核心。中国传统礼仪提倡"仁义礼智信",孔子认为,"礼节者,仁之貌也"。"仁"体现人的高尚情操,指的是互帮互助、和谐的人际关系。仁的核心是"以人为本",一切从关怀人、爱护人、发展人的角度出发,从而使人际间达到和谐的状态。

"敬"是礼仪文化的本质。《论语》中有:"恭近于礼,远耻辱也。""恭"意指恭敬,恭敬的态度符合礼仪规范,这样就不会遭受屈辱。如果过度地恭敬,过于卑躬屈膝或阿谀奉承会遭受屈辱。因此,在人与人的交往中,要按照典章制度和约定成俗的行为规范,待人温和善良、恭敬谦让,这是"礼"的要求。

"诚"是礼仪文化的前提。《礼记·大学》中有:"诚于中,形于外,故君子必慎其独也。"，一个人如果内心真诚，能在其外表中看出来。"大道之行也，天下为公。选贤与能，讲信修睦"，万事万物要以诚信为前提，诚信能促进社会稳定，是否诚信展现了道德修养的高低。

中华礼仪文化最终的目的是实现"和"。《论语·学而》中有："礼之用，和为贵。先王之道，斯为美，小大由之。有所不行，千和而和，不以礼节之，亦不可行也。"这句话强调了和谐的重要作用，和谐是人们追求的社会理想，通过对他人的宽容和理解，化解矛盾，"和为贵"。

总之，传统礼仪里，"仁"是核心，"敬"是本质，"诚"是前提，"和"是根本。

（二）将中国传统礼仪文化融入商务英语教学的方法

将中国传统礼仪文化融入商务英语教学，可以从以下方面着手。

第一，引导学生认识传统礼仪的当代价值，提高道德品质，树立良好的个人形象，建立和谐的人际关系和合作关系。礼仪展现着一个国家、一个民族的精神风貌、道德水准、文明程度、文化特色和公民素质。礼仪也展现着一个人的思想觉悟、道德修养、精神面貌和文化教养。传统礼仪有利于提高道德素质。礼仪是一种既具有内在道德要求，又具有外在表现形式的行为规范。谦恭的态度、文明礼貌的语言、优雅得体的举止，展现的是人的内在文化修养、道德品质、精神气质和思想境界等。把礼仪教育纳入商务英语德育教育和课程思政，既是时代的要求，也有利于大学生的自身发展。引导学生加强礼仪修养，培养优雅的气度，在人际交往中遵循礼仪规范，落落大方，展现出良好的精神风貌和谦恭的态度。"诚于中而形于外，慧于心而秀于言"，将内在的道德品质和外在的礼仪习惯结合在一起，成为内在修养好、道德素质高、外在形象优雅的现代文明人。此外，还可以通过礼仪教育，提升大学生的自信和自尊，帮助学生与老师同学建立和谐的人际关系，因为良好的礼仪可以促进交流沟通，是人际关系的润滑剂。

第二，带领学生学习中西方在以下方面的商务礼仪文化差异。

首先，处事风格和价值观的差异。一般说来，中国人处事较为含蓄委婉，西方人更为直截了当。例如，在商务谈判中，西方人倾向于直奔主题，开门见山地直接谈论问题；而中国人则倾向于请对方吃饭或给对方赠送礼物，以此来增加对方对自己的了解和信任，建立关系在前，商务谈判在后。中国人难以接受西方人的直抒胸臆，而西方人也不明白中国人的含蓄委婉。中国人更注重集体，强调人与人之间相互合作的重要性；西方国家的价值观推崇自由与个人主义，强调个体观念。中西方的处事风格和价值观差异都体现在了商务礼仪中。

其次，行为语言的差异。行为语言差异包括：手势语言、肢体语言、目光语言、体间距离等。在国际商务场合中，不同文化中的行为语言千差万别。以商务活动中最常见的肢体语言——握手为例，在西方国家，双方见面完成握手动作后会立即松开，两人之间的距离也就随之扩大；而中国人会紧握对方的手上下晃动，握手时还会跟对方闲谈，握手时间略长以示尊重。西方人认为中国式的握手方式打扰了自己的空间感，而中国人认为西方式握手方式太刻意保持距离，显示着对方对自己的戒备和不尊重。另外一个典型的例子就是，不同文化里摇头和点头的含义不同。在大多数文化中，点头意为"是的""好的""同意"，摇头则表示"不是""不愿意""不同意"。但在印度文化中，点头可以表达肯定，但摇头既可以表达肯定，又可以表达否定。因为中西方礼仪中行为语言的差异，在涉外商务交往中会出现由于文化差异所造成的困扰。由于国际商务礼仪强调交往中的规范性、对象性、技巧性，所以在交往过程中，要采取措施来应对文化差异所带来的障碍，以真诚守信为原则，增加彼此之间进行贸易合作的可能性。

再次，时间观念的差异。不同文化的国家对待时间的态度有差异，有的文化里是单向计时制，有的文化是多向计时制。一般来讲，西方人认为时间就是金钱，所以比较守时，特别是英国人，他们会严格遵守约定的时间，英国人赴约时会按照约定的时间分秒不差地准时到达，而美国人往往会比约定的时间提早几分钟到达，这是因为美国人认为迟到是失礼的、是不可接受的。中国人认为，提前到达或者迟到几分钟，都是守时的，是可以接受的。但是，来自阿拉伯国家与非洲国家的人们，他们不太讲究时间的概念，迟到或者拖延都是可以接受的，是符合礼仪习惯的。

最后，商务礼仪与传统礼仪的差异。传统礼仪文化是我国的传统文化的重要组成部分，对我国的礼仪文化的形成与发展发挥着重要的推动作用。时代变迁，在物质生活丰富的今天，社会生活的节奏日益加快，礼仪省去了不必要的繁文缛节。在正式的商务场合中，各方需要营造一种互相尊重的氛围，对各自的行为进行一定的约束，展现出自身的良好修养与素质，给他人留下良好的印象，从而为今后的合作打下良好的基础。商务礼仪涉及初次见面礼仪，包括问候、称谓礼仪、介绍礼仪、握手、交换名片、交谈礼仪、就餐礼仪、通信往来、送礼礼仪、庆祝和慰问礼仪等。以送礼礼仪为例，礼物的种类、送礼的时机、送礼禁忌、送出和接受礼物的技巧等都是送礼需要考虑的因素。不同文化的送礼礼仪上有着本质的差别，如国人送礼以双数为吉祥，但在日本用奇数来表示祝福；欧美人互赠礼品时，多当面拆开礼品包装，然后对礼品大加赞赏，表示热情的接受和诚挚的谢意。总之，由于各民族历史文化、礼仪风俗不尽相同，在国际商务活动中，要了解和熟悉对方的文化礼仪，这样才能自觉、有效、融洽、得体地进行跨文化交际。

当然，中国传统文化礼仪的积淀绝非一日所成，文化礼仪具有层次性，其输入也应遵循由表及里、由浅入深的原则。故而在教学过程当中，教师不能急功近利，以单纯地达到目的来加快学生学习的进程，需根据语言教学的不同阶段确定渗透的内容和方式，以课堂为主要渠道，构建适合学生的教学形式。加强中国传统文化礼仪在商务英语教学中的运用，保证学生在新形势下，保留住自己的中华之脉，不被西方的思想文化所影响，在坚持中华民族特色的基础上，向世界展现中国人的优秀风采和灿烂的文化礼仪。

二、中华民族时代传承的服饰文化

（一）服饰文化

《左传》中有："中国有礼仪之大，故称夏，有服章之美，谓之华。"服饰是华夏文明的外展，也正因为如此，我国被称为"衣冠王国"。自人类生活伊始，服饰便在自然进化中求得了自身的生存和发展。服饰文化既是物质文明的结晶，又具有精神层面的内涵。在物质层面上，服饰是指穿戴在人身上的服装和配饰，如西装、帽子、鞋、袜、包等；在精神层面，服饰是人类在认识和改造世界过程中的文化结晶，反映了伦理观念和审美思想。服饰源于生活实践，可以防身护体、驱寒保暖，还可以明辨身份。中华各民族在历史的长河中，以顽强的意志和超凡的智慧，创造了独特的中华服饰语言，凝聚了人类的智慧、对未来的希冀等诸多文化内容，汇集成中华民族的服饰文化，成为中华优秀传统文化的重要组成部分。

综观我国古代几千年的历史，不同朝代的服饰具有不同的风格特点，总体上来看，中国古代传统服饰体现出较明显的等级和身份特征。以服饰的颜色为例，服饰的颜色在不同历史时期有不同的象征意义，中国传统服饰的色彩不仅有自然属性和本质意义，也被赋予了不同的文化内涵和精神意象，衍生出独特的社会特征和文化特征——黄色代表尊贵、红色代表吉祥、黑色代表庄重肃穆。在不同的历史时期，服饰颜色作为等级符号，具有不同的政治意义。例如，唐朝官吏的等级以袍服的颜色来区分，只有皇帝可以穿黄色的衣服，"士庶不得以赤黄为衣"，三品以上服紫，四品、五品以上服绯；在宋代，紫色代表高贵；在清朝，黄色是等级最高的颜色。

（二）将中华传统服饰文化融入商务英语教学的方法

将中华传统服饰文化融入商务英语教学，可以从以下方面着手：

第一，引导学生认识传统服饰文化的重要意义。中华民族服饰文化遗产具有丰富性、多样性特征，但随着工业化、信息化社会进程的加速推进，全球一体化、格式化趋势日趋鲜明，传统文化缺失，社会人的归属感缺失，许多年轻人缺少对本民族文化的认识和认同。实际上，传统服饰形态及其织造印染技艺、裁剪缝制技艺、装饰工艺等都是极具代表性、不可再生的文化遗产，并且这些服饰形态的使用者、技艺的拥有者和衍生的工具器物等，也都表现出立足于社会生活的使用诉求和美化自身、物品、环境的精神诉求，体现着人类独特的地域审美情趣，是民族民俗文化的典型代表，具有较高的文化和艺术研究价值。

第二，中西方服饰的差异和融合。首先，中西方服饰造型有差异。西方服饰在造型上多采用立体造型手法，以展现人体之美，所以服装设计采用裙撑、垫肩、束腰等方法，因此在材料的选取上多采用便于造型的麻、纱、呢、皮革等材料；而中国传统服饰在造型上多采用平面造型手法，以传达含蓄、内敛的意蕴，所以服装设计多采用裹胸、罩衫等避免张扬的方法，在材料的选取上多采用具有悬垂感的棉麻、丝绸等材料，因而中西服饰偏好、选材和设计理念存在差异。其次，中西方服饰功能属性上有差异。西方服饰强调身体曲线，因此服饰在很大程度上是饰身的工具；而中国传统服饰是等级和身份的象征。需要注意的是，以上文提及的颜色为例，色彩本身并无尊卑、凶吉之分，只是受到古代伦理观念的影响，色彩被赋予了特殊的价值含义。

第三，启迪学生做好中华服饰文化的传承与创新。从历史角度来看，服饰是不同民族、国别、文化之间交流、交融并相互涵化的产物。从古代丝绸之路的"东风西渐"到近代中国的"西风东渐"，中华服饰无论作为文化输出方还是文化接受者，都体现出极强的包容性和生命力，彰显了文明互鉴的广度以及不同价值耦合的厚度，这是一种深刻自觉和自信的人文精神价值，需要现代社会的广泛传承。因此，大学生应为实现中华服饰优良传统和民族精神的传承而努力，同时切实培育传统服饰文化的现代价值，完成优良传统的现代转型。作为商务英语专业的学生，可以发掘服饰的商业性，做好传统服饰文化的翻译和传播，在翻译时，借助文化"补偿"使原文的文化内涵在译文的文化语境中继续生存，从而实现译文与原文的平衡，缩小文化差异，增进不同民族对中华民族传统服饰文化内涵的理解。

三、中华民族时代传承的饮食文化

（一）饮食文化

中国的饮食文化历史悠久，崇尚食物与人、自然、社会的和谐统一，以求和为准则，以创新为突破点，食物、烹饪方式、饮食礼仪与中国哲学融为一体。中国的饮食文化具体特点如下：

第一，注重食材的内容与形式的和谐统一，力求"色形味名"四重意境。色美意境，即食材的天然色彩和烹制色彩的搭配和谐；形美意境，即通过摆盘及镶刻将食物雕刻成艺术品，并与餐盘和谐搭配；味美意境，即通过煎、炸、炒、炖等多种烹饪方法，力求酸甜苦辣咸五味调和；名美意境，即给菜肴取一个意境美的名字，菜名通常是根据主、辅、调料及烹调方法写实命名，或者依据典故传说、菜品意象、地域特色、名人食趣、菜名创始人等命名，突出食材与意象的契合。

第二，按季节选择食物和烹饪方法，进食与宇宙节律协调同步，四季有别。中国饮食一直按季节变化来调味和配菜，春天味醇浓厚，夏天清淡凉爽，秋天多凉拌冷冻，冬天多炖焖煨。

第三，药食同源，食医结合。中国的烹饪技术与医疗保健有密切的联系，利用食物原料的药用价值，做成各种美味佳肴，达到对某些疾病防治的目的。

第四，风味多样。中国幅员辽阔，地大物博，由于气候、地理、物产、风俗习惯不同，经长期演变，地方风味鲜明，自成体系。不仅有"南米北面""南甜北咸东酸西辣"之分，还有鲁、川、粤、闽、苏、浙、湘、徽八大菜系。

整体而言，中国烹饪讲求中和之美。《礼记·中庸》中有："中也者，天下之大本也；和也者，天下之达者也。至中和，天地位焉，万物育焉。""中"指"合理合宜、恰如其分、恰到好处","和"指"和顺、和谐"。在"不同"的基础上寻求"和谐"。《古文尚书·说命》中有:"若作和羹,尔惟盐梅。"要做好羹汤,关键是将咸(盐)和酸(梅)二味调和好。与"中和"相反的是极端,"咸过头,辣过头,酸过头"的食品,从长远看来对身体是有害的,是不可取的。饮食烹饪中中和之美的思想,对社会生活、政治生活、艺术生活都影响深远。

(二)将中华传统饮食文化融入商务英语教学的方法

将中华传统饮食文化融入商务英语教学,可以从以下方面着手:

第一,进行中西饮食文化差异对比。首先,中西饮食结构不同。中华民族的饮食构成以谷类为主食,果类、肉类和蔬菜类为辅食;美国等西方国家的饮食主要是依靠肉类和蛋白质,谷类的摄取量不多。其次,中西烹饪手法不同。中国菜肴的烹饪方式有煎、炸、炒、爆、蒸、烧等多种,讲求美味、随意与和合,"五味调和",菜肴的原材料"你中有我,我中有你",食物精雕细琢,注重艺术效果和美感;美国等西方国家的烹饪方式主要以炸、烤、焖为主,讲求营养均衡,菜肴的原材料在空间上"分别"放置,如一盘牛排中,牛排和配菜"分别"放置在盘中,各自保留其固有的味道,"你是你,我是我"。最后,中西的用餐形式、餐具礼仪和就餐礼仪不同。中国的用餐形式是典型的"聚餐式",人们围坐圆桌,用筷子夹菜;而西方国家的用餐形式是"分餐制",吃饭时人们各取所需,注重个人空间,餐具以刀叉为主。在座次方位上,中国以南方为尊贵,讲求长幼尊卑有序,按照"左为上,右为次,上座之左为三座,次座之右为四座,以下依次递推"来依次排列。中国古代一般以左为尊,男左女右,女士的餐桌座位地位不及男士,这主要是受阴阳五行思想的影响,"男为阳,女为阴;背为阳,腹为阴;上为阳下为阴;左为阳右为阴"。而西方国家的座次,一般遵循"女士优先,面门为上,以右为尊,恭敬主宾"的常规。在饮食观念上,在中国文化里,请客吃饭可以用来沟通感情、商谈公事,饮食承载着重要的社会功能和文化内涵,以饮食相关的词语和表达为例,拥有"铁饭碗"、他是个"饭桶"、这个很"吃香"、他是第一个"吃螃蟹"的人、学习不能"浅尝辄止"、需要"吃透精神",这些表达法通过形象思维,隐射了饮食重要的文化内涵。而在西方文化里,食物被认为是抵御疾病、维持生命、健康营养的必要手段,也有一些与食物相关词汇的文化隐喻,但整体不如中文丰富。例如,"hot potato"(热土豆:指棘手的问题)、"small potatoes(小土豆:指小人物,微不足道的人或东西）"，"big potatoes"（大土豆：指大人物），"as easy as pie"（和派一样容易：指极容易），"make one's bread"（做面包：指赚钱糊口）等。

第二，分析饮食文化差异的原因，并尊重文化差异。不同的文化中，由于理念、人文、风俗、习惯等因素的影响，饮食在原料、口味、烹饪方法、饮食习俗、饮食崇拜上，都呈现不同程度的文化差异。比如，中国人注重"天人合一"，而西方人则注重"以人为本"。究其原因，中国人注重"天人合一"，其一是"民以食为天"，人们把"吃"看得与"天"一样重要（中国古人供奉"天地君亲师"，把"天"放在第一位）；其二是中国古代生产力水平低下，人们总是靠"天"吃饭，总是祈求"上天"保佑风调雨顺，五谷丰收；其三是虽然要靠"上天"保佑，但最终还得靠人们的勤劳苦做，方能丰衣足食，即只有具备了"天人合一"的前提条件，人们才能饮食无忧，才能"吃饱"饭。而西方人"靠天吃饭"的意识比较淡薄，在他们看来，食物是靠"人"生产出来的，"天"的作用不大；食物是为"人"的生存、繁衍与发展服务的，理当以"人"的需要"为本"。所以，西方人更关注食物的营养价值，讲究食物中热量、维生素、蛋白质的含量等。中西方饮食文化的差异折射出中西方在理念、风俗和习惯上的不同。饮食往往是商务活动的一部分，无论是对内宾还是对外宾，我们要在充分了解异国饮食文化的基础上，提前做好相应的安排，要理解并尊重他国的饮食文化，以保证对外商务活动的顺利进行。教师要培养学生换位思考和移情的能力，以便在跨文化交际中能及时进行角色转换。一方面要珍视自己的文化传统，另一方面也能将自己置于他国文化中，在相互理解和尊重的基础上，以开放的心态理解和欣赏异国的饮食文化，在商务活动中，共享各国特色饮食的同时，促进饮食文化交融互补。

第三，用英语传递中国传统饮食健康文化。饮食是全人类的生命保障，有强大的驱动力和凝聚力，可以作为跨文化传播的先导。中华菜肴能够充分体现中国人世代生活的方式和传统，以英语为媒介在世界范围内推介中国特色美食，可以提高中国饮食文化的影响力，有利于中国饮食文化中和谐精神和家国情怀的跨文化传播，以提高国家话语权。在日益频繁的文化交流过程中，许多中国特色的食物已经被国外民众所熟知，如豆腐、饺子、火锅、热干面等，甚至被外国友人所喜爱。商务英语专业的学生要熟练掌握食物相关的习语及菜名的翻译方法，能够用英语讲述中国美食故事，如中国各地特色美食的来源、八大菜系的简介、菜名、菜品的创始人、食材的特点、烹饪方式、美食相关的传说典故等。此外，还要能传达美食背后的文化元素。以菜名为例，中国菜名是汉语语汇中承载中国文化最多的语汇之一，不仅承载着几千年的中国饮食文化，还承载着非饮食文化，如神话、民俗、历史、文学等，菜名表层语义背后的文化元素深厚而丰富。用现代英语词汇讲述中国饮食文化故事，将中国饮食文化汇入世界民族文化中，既可以让世界了解中国饮食文化，助力中国饮食的国际化发展，还可以提升中国在世界的综合影响力。

四、中华民族时代传承的民俗文化

（一）民俗文化

中国传统文化里的"民俗"是指"风俗""习俗""谣俗"等，如《礼记·缁衣》里提到"故君民者，章好以示民俗"，民俗被定义为"由一个国家或民族中广大民众所创造、享用和传承的生活文化"[①]。民俗文化是一种民间传承的文化，它存在的主体部分形成于过去，但是它的内涵却随着民族的发展而具有极强的延展性。民俗文化泛指一个国家、民族或地区由集居的人民群众所创造的、约定俗成的并且得以世代延续的风俗生活习惯。民俗是基于民众的存在而形成的生生不息的文化现象。民俗文化涵盖生产生活的方方面面，如生产劳动、日常生活、社会组织、岁时节日、人生礼仪、游艺民俗、民间观念、民间文学、婚丧嫁娶等。民俗文化包含：口头表达形式的民间故事、民间诗歌及民间谜语、音乐表达方式（如民歌及器乐）、活动表达方式（如民间舞蹈）、民间游戏、物质形态的民间艺术品、建筑艺术、民间绘画剪纸等。

从民俗的特点上看，民俗文化对人及其行为具有规范作用，民俗文化有其存在的社会历史空间，民俗文化反映了民众心理，对民众心理有平衡调节作用。例如，愚公移山等神话故事中的农耕民俗，反映了民众大智若愚的智慧、志存高远和精诚团结的执着。安身立命与安心立命是民众的基本生活方式和民俗文化的直接目标。

从民俗对于国家和社会管理的重要性层面上看，民俗文化传达了中华民族的精神信仰，如民俗文化中祖先崇拜的民俗精神。民俗文化体现了民众的发展诉求，如南北民居建筑的地方性特点，北方的四合院与南方的六合堂都是顺应当地的自然环境、依据当地的生产生活而建造的，

---

① 钟敬文.民俗学概论［M］.上海：上海文艺出版社，1998：53.

都体现了顺应自然环境，"天人合一"的思想。民俗文化也可以成为社会管理方式，要通过民俗发现民风差异，才能顺民心、动民情、化民利。民俗文化还具有润物细无声的教化力量。民俗文化塑造了民族文化，关乎民族的安危存亡，民俗文化的重要性不言而喻。

从民俗对个人人生境界的影响上看，中国民俗传达了"天地之大德曰生""天人合一""生生不息""诉求长生"等核心精神。"天地之大德曰生"是说，天地最大的恩德是为宇宙万物提供了生生不息的环境，万事万物各得其所，安身立命。民俗关乎民众的生产、生存、生活，民众追求更好的生存、更好的发展、更好的生活，民俗追求自然生命的"生"，诉求文化生命的"生"，作为大学生要追求一个朝气蓬勃、有价值的"生"。《左传》中有："太上有立德，其次有立功，其次有立言，虽久不废，此之谓不朽。"对于个人而言，要珍视短暂的物质生命，追求"立德、立功、立言"的三种人生境界，修养道德，坚守道德操守，修炼人生境界。

（二）将中华传统民俗文化融入商务英语教学的方法

将中华传统民俗文化融入商务英语教学，可以从以下方面入手：

第一，从正面的价值意义上理解民俗文化及民俗文化教育的意义。民俗文化承载了民族情感和民族记忆，是记载了中华民族发展历程的活化石。在体验、理解和鉴赏民俗文化的同时，要保护民俗文化并创造民俗文化。随着科学技术的发展，传统文化赖以生存的土壤遭到破坏，现代传媒的普及与发展对传统文化及其传承体系造成了冲击。在教学中加强民俗文化教育，可以促进传统文化知识的普及，创新文化发展成果，使民俗文化能够更好地服务于当代社会。民俗文化以其雅俗共赏、寓教于乐的特点易于被人们所接受，它蕴含着人们日常生活与交往过程中最基本的因子，集中体现在一个人的价值观念、言谈举止方面。发扬民俗的教育作用，合理运用民俗教育观辅助学校教育，不仅能使传统文化的"外观体验"转变为个体的"主观领悟"，也使得抽象的文化内涵演化为生动且具有人文气息的个体实践行为，更能够促进学校教育培养出懂得欣赏和深入理解民俗文化的继承者，并提供教育实践的经验和反思，从而有助于在实践领域更好促进民俗文化的发展。

第二，鉴赏民俗文化，本质上是认识伟大的民众，要深入民间，了解民众；体察民情，考察民风；学习民俗，理解民众。通过发现、体验、理解和鉴赏家乡的民俗，感受民众的丰富生命，提升自我的精神境界，加深对中国文化的理解境界。民俗文化内容丰富、形式多样，有的适合用文本的形式呈现，有的适合以舞蹈、音乐等形式呈现，不同内容和形式的民俗文化都具有教育价值。在商务英语教学中，可以确定教学的主题和具体内容，通过不同的教育形式展开学习，比如民间故事、谚语、字谜等，可以通过中西对比的方式，加强语言表达能力；在校园文化节和节庆场合，可以融入民间歌谣、民间器乐、民间游戏、民间舞蹈和民俗礼仪等，提高学生的美学鉴赏能力，丰富校园生活。民间工艺、建筑艺术等以物质形态为表现形式的民俗文化，可以通过校外参观、实地访问等方式，加入到学生的实习实训中。民俗文化具有针对性和实效性的特点，不同形式的民俗文化可以通过不同的方式来适应商务英语教学的现状。商务英语教学可以充分发挥校内第二课堂的作用，建立与课堂教学相适应的中华优秀文化活动体系，加强校园人文环境建设，将校内各类场馆作为育人载体，开展中华经典诵读、诗词大会、艺术表演、民族传统体育竞赛等文化活动，打造浓郁的校园传统文化氛围，挖掘传统节日和民俗文化，宣传传统节日文化内涵，提高学生对中华优秀传统文化的认知理解，建立文化自信。

第三，结合地域特色，开发地域传统文化课程。将民俗文化中的地方性知识和乡土民俗文化融入商务英语课程内容，传承区域性的特色文化。作为中华传统文化的重要组成部分，地域传统文化根植于乡土，独具特色。在充分挖掘和凝练本区域传统文化教育资源的基础上，开发地域传统文化课程，让学生了解当地的传统文化，加强学生对国情、省情、市情、乡情、校情的了解，培养学生的家国情怀。比如，山东理工大学将"齐文化"研究成果纳入学校教育；四川大学推出"巴蜀文化"慕课群；湖南师范大学开展"湖湘红色文化"课程建设；浙江大学牵手"良渚文化"，在校内传播良渚文化；湖州学院将"湖学"植入宋韵文化，开展校园文化育人活动等。各大高校在挖掘和研究地域文化的基础上，在专家、学者、企业代表等各方人士的指导和研讨下，开设切合本校文化和区域实情的校本课程，开发具有区域特色的中华传统文化教材，让学生感受学校文化氛围、家乡文化底蕴，激发其对学校、家乡的认同感、幸福感，以及对祖国的归属感和荣誉感，坚定其继承和弘扬中华优秀传统文化的信心。

第四节　新时代的中国故事

"日新月异"是中华优秀传统文化的核心理念之一①；"会通"精神是我国古代文化的基本精神之一，"会通"强调的是融合、创新②；"应变精神"是中华民族的四大精神之一③。近年来，我国在经济社会建设、生态文明建设等方面取得重大成就，展现出的"日新月异、与时俱进、通权达变、求新务实、改革创新"等时代精神和应变精神是中华优秀传统文化的重要品格。因此，不仅应将中华优秀传统文化融入商务英语教学，还应该将新时代中国特色社会主义建设所取得的经济成就和根本性变革的故事纳入其中。

首先，要引导学生了解"中国故事"的科学内涵，选择能够展示真实、立体、全面的中国的故事，具体包括中国经济社会的发展、治国理政、人民奋斗、中国主张、中国方案、国际合作共赢等故事，如"中国梦""一带一路""乡村振兴""城市发展""绿水青山就是金山银山""中国制造""太空漫步"等，以当代中国特色社会主义的建设成就与实践经验为基础，鼓励商务英语专业学生提高运用外语工具建构中国话语体系的能力，将有利于传播中国制度、中国道路、中国文化和中国方案的内容与商务英语学习相结合。

其次，要使学生意识到"向世界传播中国声音""讲好中国故事"的使命。"讲好中国故事"是时代赋予外语专业学生的重要责任和使命，是中国参与国际合作发展的历史必然。

再次，要培养学生"讲好中国故事"的技巧和方法。例如，故事的叙事结构、故事的具体目标和内容的确定、表达技巧的选定、传播方式和平台的选用等，可以在提高学生用英语讲中国故事的有效输出能力的同时，帮助学生从宏观和微观角度更好地理解当代中国，坚定文化自信。

最后，要激励大学生争做有理想、能吃苦、勇于担当和奋斗的新时代好青年。时代的性格就是青年的性格，时代的精神就是青年的精神。

① 张岂之.中华优秀传统文化的核心理念［M］.南京：江苏人民出版社，2016：66.

② 张岂之.中华文化的会通精神［M］.长春：长春出版社，2016：15.

③ 刘纲纪.略论中国民族精神［J］.武汉大学学报（社会科学版），1985（1）：36-41.

在世界目光日益聚焦于中国的新时代，青年应勇于担当历史重任，他们始终是实现中华民族伟大复兴的先锋队。青年要树立远大理想，让理论之光和理想之火照亮前进的脚步，在新的征程上，既怀抱梦想又脚踏实地，既刚健勇毅又能吃苦、肯奋斗，坚定文化自信，用勤劳、智慧的双手和汗水，划动青春之舟，驶向瑰丽的未来。

第四章 中华优秀传统文化融入商务英语教学的教师队伍建设

教师是立教之本、兴教之源、文明的传播者，教师承载着传播知识、激活生命、启发灵魂、培养人才的重要使命。教师在很大程度上决定了学生素养的提升和教育质量，《中共中央国务院关于全面深化新时代教师队伍建设改革的意见》明确提出造就党和人民满意的高素质、专业化、创新型教师队伍的目标任务。由此可见，强教必先强师，加强师资队伍建设，研究教师核心素养和能力的构成要素是深化教师教育改革、发展教师核心素养和能力的重要理论基础，有助于教师专业发展目标的明晰与聚焦，有利于提升教师队伍建设的效率。2018年，教育部颁布《普通高等学校外国语言文学类专业本科教学质量国家标准》，商务英语专业作为《普通高等学校外国语言文学类专业本科教学质量国家标准》适用的68个专业中唯一的复合型外语专业，为师资队伍建设带来了机遇和挑战。将中华优秀传统文化融入商务英语教学的根本保障在于师资队伍建设，只有保证教师队伍自身的政治素养和政治觉悟，才能在践行师德的过程中提升中华民族自信和中华文化自觉；始终坚定教师先受教的观念，教师要努力成为前沿思想与文化的传播者，以及学生成长发展的引路人和指导者。教师是课堂教育活动的指挥者与主导者，是将中华优秀传统文化融入商务英语教学的主要实施者，是优化课程思政教育质量和效率的决定性因素，因此做好文化育人的核心在于教师。

基于此，本章将以《普通高等学校外国语言文学类专业本科教学质量国家标准》中对商务英语教师应该具备的知识、能力和素质的规定为指导原则，从专业知识、专业能力和专业素养三个方面阐释商务英语教师应具备的教师素质，并从个体自我发展与群体合作发展两个方面探讨商务英语教师的发展途径。

第一节　商务英语教师的素质构成

教师素质是指顺利从事教育活动所应具备的基本品质或基础条件，是教师在其职业生活中，调节和处理与他人、与社会、与集体、与职业工作关系所应遵守的基本行为规范和准则，以及在这个基础上所表现出来的观念意识和行为品质。教师素质包括思想、知识、能力、心理品质等因素，其核心是师德。因商务英语是集交叉性、应用性、综合性、兼容性特征于一体的专门用途英语，其专业教师不仅要具备普通英语教师所掌握的语言知识，还需具备一定的国际商务理论知识及较高的实践技能水平。《普通高等学校外国语言文学类专业本科教学质量国家标准》中对教师素质的要求是：商务英语教师应师德高尚，具备合格的英语基本功、专业知识、教学能力、科研能力、实践能力，可以运用现代教育信息技术开展课堂教学与教学改革。王关富与张海森认为，商务英语教师素质涵盖四个方面：学历构成（英语语言学科和商科双学位的学历背景）、教学能力构成（教学方法、教材选用）、知识构成（语言知识和商务知识）、科研能力构成[1]。郭桂杭与牛颖认为，商务英语教师的素质构成为：学历构成、教学能力、知识构成（语言知识、商科知识、教育学知识、心理学知识等）、科研能力、合作能力（商务英语教师与语言类教师以及商科教师的合作）、实践能力[2]。郭桂杭与李丹认为，商务英语教师专业素质由四个部分构成，分别是：专业观念（关于学生的知识、教育学知识、关于教师的知识、教学的知识、学习的知识）、专业知识（英语语言学知识、英语语言文化知识、英语跨文化交际知识、ESP语言文化知识）、商科知识（商科基础理论知识、商科实践知识、商科教学法知识）、专业能力（商务实践能力和经验、科研能力）[3]。王立非与葛海玲认为，商务英语教师应具备素养、知识和能力三个方面的素质。素养方面关注师德、人文与科学素养、国际视野、社会责任感、敬业与合作

---

① 王关富，张海森.商务英语学科建设中的教师能力要素研究［J］.外语界，2011（6）：15-21.

② 郭桂杭，牛颖.商务英语教师自主能力调查与研究［J］.外国语文（双月刊），2016（8）：67-74.

③ 郭桂杭，李丹.商务英语教师专业素质与教师发展：基于ESP需求理论分析［J］.解放军外国语学院学报，2015（5）：26-32.

精神、创新精神、健康的身心等；知识方面，除核心知识（语言学、文学、文化、跨文化知识）和跨学科知识（经管类知识）外，还应具备教育学、心理学等相关知识；能力方面，除语言、教学和实践能力外，还应具备科研能力。实践能力指跨文化商务沟通能力，集中体现在实践教学和商务实践中，而科研能力就是思辨能力的体现[①]。鲍文认为，合格的商务英语教师应该具备系统的英语学科知识，具有丰富的英语教学知识、系统的商务基础知识和一定的行业知识背景、跨文化交际知识、较强的学习能力和创新能力、现代教育技术和信息技术的运用能力[②]。在《普通高等学校外国语言文学类专业本科教学质量国家标准》的指导和前人研究的基础上，本书将商务英语教师的素质构成归纳总结，如图 4-1-1 所示。

专业知识

- 英语语言学及文化知识
- 商务本体性知识
- 教学法知识

专业能力

- 实践能力
- 科研能力
- 教学能力
- 育人能力

专业素养

- 政治素养
- 师德素养
- 中华优秀传统文化素养

图 4-1-1　商务英语教师的素质构成

一、专业知识

"知识是教育的主要内容与载体，教育的过程其实就是教师选择知

---

① 王立非，葛海玲.论"国家标准"指导下的商务英语教师专业能力[J].外语界，2016（6）：16-22.

② 鲍文.商务英语教育论［M］.上海：上海交通大学出版社，2017：62.

识、组织知识、展现知识和传授知识的过程。"①因此，知识在教师的专业发展中扮演着重要的角色，它是一个复杂的概念，具有较强的内蕴性。黄友初认为，商务英语教师必须具备本体性知识、商务英语教学知识和工具性知识。商务本体性知识包括复合的商务英语知识、国际商务基础知识和跨文化交际知识②。商务英语是国际商务与英语的交叉学科，因此商务英语教师必须了解与国际商务有关的学科知识；而国际商务又是国与国间的经济活动，因此教师还需要掌握相关的跨文化交际理论知识来指导教学实践。商务英语教师应具备的专业知识分为以下几类。

（一）英语语言学及文化知识

外语素质是外语教师的业务素质，是外语教师从事外语教学的根本条件。商务英语专业从根本上说就是围绕英语学科拓展空间，英语始终是主线，商务英语教师需要具备扎实的英语语言学及文化知识。

首先，商务英语教师要努力学习和熟悉语言学科本身的理论，精通外语的系统结构，掌握外语的语言规则，熟悉音位学、形态学、句法学、语义学和语用学等。系统的语言理论知识能够使教师在处理教学内容时有更好的把握，以达到孟子倡导的"资之深，则取之左右逢其源"的境界。

其次，商务英语教师要具备商务英语语言运用能力和扎实的商务英语听、说、读、写、译能力。商务英语教师要能正确、得体地传递信息、交流思想、表达感情，语音、语调正确、纯正，语法、句法及谋篇布局的规范和表达得体，善于同学生沟通和交流，重视对于学生语言交际能力的培养，注重语言的得体性和流畅性，主张教学过程的交际化。

再次，商务英语教师要具备丰富的文化素质。语言和文化的关系要求商务英语教师应该用文化语言观来指导商务英语教学，努力培养学生的文化意识，在教授语言和培养语言技能的同时，重视教授母语文化和目的语文化知识。

最后，商务英语教师本身要具有敏锐的文化意识和熟悉母语文化及目的语文化的良好素质。外语教学的目标是培养学生的交际能力，而商务英语教学则侧重跨文化交际能力。为了培养外语学习者的跨文化交际能力，必须把文化传授列为外语教学的重要内容之一。要深入了解母语

① 胡春光，王坤庆. 教师知识：研究趋势与建构框架. 教育研究与实验[J].2013（6）：22-28.
② 黄友初. 改革开放40年来我国教师专业化的回顾与展望[J]. 课程. 教材. 教法，2018（11）：11-17.

文化和目的语文化，在具备扎实的中华优秀传统文化知识的基础上，尽可能地熟悉目的语国家的历史、地理、社会制度、风俗习惯、价值观念和思维观念等。

（二）商务本体性知识

商务本体性知识包括商务英语知识、国际商务基础知识和跨文化交际知识，因此商务英语教师应该有广博的商务知识和实践经验。

首先，商务英语教师要用丰富的汉英表达基础知识来指导学生进行国际商务实践；商务英语教师需要能够用中英双语进行商务英语专业教学，除了扎实的英语语言功底外，还需要掌握西方经济学、国际经济学理论、国际贸易实务、国际市场营销、国际商务法律、商务写作知识、电子商务知识等国际商务基础知识。

其次，商务英语教师要了解国内的经济政策和法规，熟悉我国对外贸易的政策和法规以及国际商务惯例，熟悉世界主要国家和地区的经济发展和贸易政策，具有较强的应变能力和跨文化商务沟通能力。

最后，除了系统的国际商务基础理论知识、丰富的商务英语教学方法，商务英语教师还要有跨文化交际知识。商务英语专业要培养学生的跨文化交流意识和跨文化商务沟通的能力。跨文化交流的顺利进行，需要以尊重、理解并平等对待双方文化为基础，需要在自身的知识结构体系中融入西方国家的优秀文化成果，更要在继承和弘扬中华优秀传统文化的过程中培育中国情怀和全球视野，牢固树立中华优秀传统文化的自觉自信。提升英语专业学生跨文化交流能力，不是单纯地强调对英语语言知识的学习，而是要通过中西方文化的导入、交流和输出，引导学生增强中华优秀传统文化底蕴，科学把握西方文化知识，从而形成正确的民族文化观念，在与国外文化的交流沟通中充当优秀的跨文化交际者，讲好中国故事，传播好中国声音。

（三）教学法知识

教学法知识包括一般教学法知识和商务英语学科教学法知识，前者是指教育学、心理学等具有普适意义的教学法知识，后者主要是指适用于商务英语专业的专门用途教学法知识、教学情境知识、教学主体知识、教学策略知识及课程知识等。

商务英语教学具备普通英语教学的特征，但是又区别于普通英语教学，具有特殊性。因此，商务英语教师应该掌握专门用途英语教学的理论知识与方法，并运用其理论框架进行课程设计和教学材料的选用和课堂活动设计等，承担教学过程中的各个角色。例如，作为知识和信息资源的提供者，课堂活动的设计者和组织者，课堂讨论及小组活动的交流者和合作者，学生道德发展的促进者和指导者，学生表现的观察者和促进者，学生学习的顾问，学生学习成绩的评估者，以及中华优秀传统文化的传播者，等等。

此外，外语教学研究理论发展迅猛，教师要与时俱进，不断更新教学理念，坚持学术论文阅读，定期参加学术会议，持续学习使用网络教学软件和新的教学技术手段，提高信息化素养，将学科知识、教学法知识、技术知识融会贯通。

二、专业能力

（一）实践能力

教师既要具备理论教学能力，又要具备实践能力。

一方面，商务英语教师必须了解国际商务行业背景，具备产学研结合的实践能力。商务英语学科的属性、教学内容、培养目标等与经济全球化联系紧密，商务英语教师只有熟知世界各民族的历史文化背景，拥有全球化视野，才能培养国际化的商务人才。商务英语专业属于应用性很强的专业，商务英语学科教师需要丰富的行业背景知识和一定的专业实践经验，教师需要对国际商务各行业的内容、系统、运作机制、产品等信息进行深入了解和体验，能用熟练的英语讲授行业的产品信息、营销策略、社交礼仪、谈判技巧等商务知识，并具备一定的工作经验，才能更好地服务于商务英语课堂教学及课内外实践教学，并用较强的商务实践能力指导学生的专业实习、就业实习和就业指导。

另一方面，商务英语教师应注重开展商务英语人才培养的产学研结合的实践，即能充分利用学校、企业、科研机构等资源，把学校教育同产品技术的开发利用、生产发展、科研相结合，从而促进商务英语教学内容的更新、教学方法的改革，促进学生能力的提高及教师自身素质和科研能力的不断提升。因此，要注重培养双师型教师。在教师团队中，既要有来自高校或企业的专职教师，又要有来自企业或公司的兼职教师或外籍教师，团队中既有双师型教师、骨干教师，又有学科专业带头人和教学名师。这些不同层次的教师可以发挥不同个体之间的互补功能，使整

个教学团队在商务英语专业教学、实践和就业指导工作上发挥各自不同的
功能。

（二）科研能力

教师的科研能力是指教师在教学实践中研究教育现象及其本质和规
律的能力。科研能力是教师的基本能力，一个合格的教师应该不断钻研
和探索本学科相关领域的新知识。具体而言，教师的科研能力包括选择
科研课题的能力、制定课题实施方案的能力、运用科学方法进行课题实
验的能力、检索和收集数据及阅读文献的能力、归纳分析的能力、论文
及研究报告撰写的能力等。简单说来，教师的科研能力就是指教师在教
育教学中发现问题、提出问题和解决问题的能力。

束定芳认为，一个大学教师搞不搞科研，搞得好不好，也是区别一
个教师一辈子是仅仅当一个"教书匠"，还是成为一个外语教育"专家"
的重要标准。毫无疑问，只有一个既懂理论又有丰富实践经验的老师才
可能成为一个好老师①。所以，提高科研能力既是教师自身发展的需要，
也是教学改革、人才培养和社会发展的需要。就教师自身发展而言：

第一，科研是教师的工作方式之一。在科技和网络迅猛发展、知识
更新迭代加速的今天，教师角色由课堂教学者转向课堂活动的组织者、
指导者、促进者、顾问等，加之学生身心发展和教学环境的复杂性，要
求教师必须通过科研提高思维能力，不断更新教育理念，全面推动教育
创新，才能有效地指导学生。

第二，科研是教师成长和进步的方式之一。教师开展科研活动可以
促进教师不断成长和进步。通过参加科研活动，教师可以吸收新知识、
借鉴先进科研成果，推动教学改革，提高科研能力。

第三，科研能提高教师的整体素质。科研不仅能帮助教师更新教育
观念和知识结构、活跃思维，而且能发掘自身潜力、拓展专注力和创新
能力。科研活动中应对压力、挫折、失败、枯燥的过程，也是磨炼灵魂
和人格的过程，能帮助教师提高抗压能力和自律能力，提升自我修为和
培养敬业精神。就教学改革和人才培养而言，教师的科研能力直接影响
教学质量和人才培养的质量。教师将日常教学实践中积累的经验和心得
体会上升到理论高度，以科研促进教学，以教为本、以研促教、教研相长。

此外，科研能力还是教师育才育人的关键，高素质的创新型教师队

---

① 束定芳.外语教师与科研［J］.国外外语教学，2002（1）：1-5.

伍是创新型人才培养的保证。通过科研，教师可以把学术新动态、研究新成果和实践新经验融入课堂教学，如将混合式教学、翻转课堂、项目式教学、目标导向等新的教学方法引入课堂，激发学生的学习动力，注重培养学生解决复杂问题的综合能力和创新思维，使学生学习具有探究性和个性化。通过科研，教师针对不同课程、不同专业群体，研究教学规律、学习习惯、学术特点，最终形成有效的教学方法和研究成果，同时还能丰富教育理论，为研究具有我国特色的教学理论和教学方法提供参考。

综上所述，高校应鼓励教师开展国际化和本土化科研，推进教师的专业化发展。高校教学改革需要教师通过科研来深入探究教学中出现的新问题，以达到提高教学质量的目的。商务英语教师应该多承担教学类、语言类和商务类的研究项目，以提升科研能力。

（三）教学能力

商务英语教学既是一门科学，又是一门艺术。商务英语教师需要灵活、创造性地运用教学法的知识来应用、转化知识，只有具备一定的教学能力，才能有效激发学生的学习兴趣和积极性，高效地把知识教授给学生。

首先，商务英语教师需要具备甄别和准备教学材料、进行教学设计、授课的能力，运用现代教育技术和信息技术进行辅助教学的能力，良好的教学监控能力等。在商务英语教学实践中，教师能以应用型、实用型人才培养为导向，充分调动学生的学习积极性，激发学生的学习动机，全面把握自己的教学活动，发现问题及时调控，具有教学效能感。

其次，商务英语教师需要具备课程开发的能力。课程开发能力是指，商务英语教师能根据学习者的需求及培养目标，对广博的课程内容进行整合、筛选、提炼，是可以重构"精华"课程的能力。学习能力要求教师具备终身学习理念，自觉学习先进的教学思想和他人的成功教学经验，学习教育学、经济学、管理学、商科等领域知识的能力。创新能力是指教师基于教学内容、教学对象、教学目的，创新教育理论和教学方法，从而更好地实现教育目标的能力。具体的能力包括：勤学好问、尊重事实、公正评价、敏于探究、追求真理等；能对证据、概念、方法、标准、背景等要素进行阐述、分析、评价、推理与解释；具备商务职场思维、商务思维、问题意识、责任意识、合作意识、公平意识、效率意识、质量意识等。

最后，商务英语教师需要具备灵活使用各种语言教学方法，组织、管理和调控教学活动的能力。商务英语教师要制订周密的课堂教学活动计划，预见可能出现的各种情况，保证课堂教学活动有条不紊地进行。课堂教学活动前要明确目标，讲清任务，课堂教学活动中教师要随时观察活动进展情况，引导学生参与交际活动，培养学生的协作精神和团队精神；要把握全局，对于课堂教学活动中出现的偶发事件及时作出正确判断，机智应对，以保证正常的教学秩序。商务英语教师要在课堂上灵活运用丰富的教学形式，如头脑风暴、小组讨论、角色扮演、演示汇报、分组辩论、书面总结、生讲生评、以练代讲、案例点评、研讨辩论、项目探究、边讲边练、角色扮演、平行互动、边做边评、师问生答、生问生答等，课堂教学活动结束后，教师要作出评价和总结。教师还要善于使用现代化教育技术和信息技术辅助商务英语教学，努力学习和掌握使用网络基本技术，利用网络在线平台进行备课、授课、编制和发放试卷、评卷阅卷等。

（四）育人能力

想要充分彰显中华优秀传统文化的时代价值，商务英语教师还应具备对学生进行德育教育的能力，具体包括直接德育教学和间接德育教学的能力。直接的德育教学是指提炼中华优秀传统文化中的德育元素，通过讲道理明辨是非，以讲解、报告、谈话、讨论、阅读等具体活动提升学生的德育认识，再通过奖惩措施鼓励、激发来促进品德的形成；教师还可以根据德育评价的标准，对学生的思想言行作出判断，师生共同参与，教师评价与学生互评相互补充。间接的德育教学能力是指以模范人物、课外活动、环境熏陶等塑造有利于立德树人的外在校园文化环境，由外而内促进学生德育发展的能力。间接育人的方法包括榜样示范法（以教育者、伟人和其他典型案例作为榜样，在模仿和共情的过程中影响受教育者的思想道德品质和行为的方法）、情感陶冶法（创设积极正面的教育环境，塑造有利于思想提升的文化氛围和社会正气，使学生在思想道德上受到熏陶和感染）、实践锻炼法（组织学生通过实践或实训的方式，在生活与实践中锤炼意志品质的行动方法）、自我省思法（在教师的指导下，学生在自我意识基础上进行自觉的思想转化和行为控制的方法）。

学生在学习过程中的感情、精神状态、情绪、态度等情感因素，会直接影响学习行为和学习效果，因此商务英语教师还应具备有效接受或处理情感的能力。教师需要在积极的心理和愉快的情感状态下，创造和维持积极的课堂氛围。有效接受或处理情感的能力主要包括：（1）良好的自我意识。能够以积极、客观的态度正视自己，心理健康，意志合理。（2）积极乐观的人生态度。情操高尚，自强不息，不怕挫折，勇于奋斗。（3）严以律己，宽以待人。尊重学生，正确对待学生的缺点和错误。（4）待人以诚，人格健全。教学需要心胸坦荡、光明磊落、实事求是、言行一致，用高尚的人格魅力和高贵的品德，在教学中对学生进行示范引领，促进学生进行高效的学习。

三、专业素养

（一）政治素养

政治素养是新时代教师的核心素养。教师要以马克思主义的科学世界观和方法论为指导，坚定中国特色社会主义的信仰和政治立场，增进对中国特色社会主义的政治认同和情感认同，树立正确的价值观，培养高尚的道德品德，准确理解、学懂、悟透社会主义核心价值观的深刻内涵，自觉践行社会主义核心价值观，将社会主义核心价值观和课程思政贯穿于教书育人的全过程，对学生的思想、政治、道德品质等方面做正向的引导，对学生进行灵魂和生命的塑造，坚持立德树人、为国育才。

（二）师德素养

师德素养是教师在教学中体现的道德品质、人格魅力和个人修养，因此高校要将师德师风作为评价教师队伍建设的第一标准。2018年，中共中央及国务院颁发的《关于全面深化新时代教师队伍建设改革的意见》中指出，深化教师队伍建设改革必须加强师德师风建设。将中华优秀传统文化融入商务英语教学，必须先将优秀传统文化全方位地融入教师的思想道德体系，夯实思想道德基础；充分发挥传统文化的德育功能，将传统文化与马克思主义、社会主义核心价值观相结合，增强教师的文化素养和道德修养。在商务英语课堂教学中，商务英语教师既是优秀传统文化的传承者，又是文化自信的践行者，还是优秀传统文化的传播者，要始终做到"以文化人，以文育人"。师德素养具有社会性和个人性的双重属性，这意味着教师在课堂教学、日常生活等场合都要以教师身份为荣，将正确的道德认知、自觉的道德养成、积极的道德实践融入课堂教学、日常生活、网络社交的一言一行中，坚持知行合一，树立远大的职业理想，以教书育人为己任，自觉践行立德树人的根本任务。

《后汉纪·灵帝纪上》中有："经师易遇，人师难遭。"师德素养是一名教师的灵魂，而师德养成的本质是立德树人。商务英语教师要从中华优秀传统文化之中汲取智慧。《论语》中有："今之学者为人，古之学者为己。"当今学习是为了做给别人看，而古代的学者则是为了自身的修养与提升。师德素养的提升，需要教师向"古之学者"学习。根据人文主义心理学，只有教师在现实实践中发现自我生命的价值和尊严之时，才能够发自内心地体现出其善良天性和良好道德，这说明了教师自身的成长是最大的师德所在。教育的根本在于育人，这一专业性质决定了教师本身的成长具有非常重要的价值，要促进学生的成长发展，教师自身就必须成长发展。教师自身成长的师德价值，首先是因为教师是学生生命过程中对其成长具有重要影响的人物，我国传统文化充分认识到了这个问题，十分强调教师自身完善和"言传身教"的价值。教师必须"以身作则""以身示范"，而后才能做好塑造灵魂和塑造人才的工作。不管是道德成长、人格修养，还是知识的深层生成，都需要教师"身正为范"。"教师是最大的课程"正说明了教师本身就是学生成长的重要学习对象和学习路径，因此教师自身成长与否、成长得如何就成为最大的师德所在，所以说师德养成的本质就在于教师自身的立德树人。

（三）中华优秀传统文化素养

教师是教学活动的主导，是决定教学质量的重要因素之一。将中华优秀传统文化融入商务英语教学，应从提高教师的文化素养着手。提升商务英语教师的中华优秀传统文化素养，是树立商务英语专业学生的文化自信、提升其跨文化交际的意识和能力的关键和前提，教师自身的文化底蕴将直接影响最终的教学效果。因此，要应加强教师培训，加强中华优秀传统文化的修养，充分发挥教师在课堂教学实践中的主导作用，中西并重，更好地了解母语文化与目的语文化的差异。

首先，商务英语教师及其团队应积极阅读中华优秀传统文化类书籍和相关教研论文，通过自主学习、专题培训、课题研究等途径，加强对中华优秀传统文化的学习，积累自身的文化素养，夯实中华优秀传统文化根基，积极提升用英语表达和传播中华优秀传统文化的能力。

其次，商务英语教师应具备在商务英语教学设计中科学、合理地安排中华优秀传统文化教学内容的能力。通过中英文资料相结合和对比分析，坚持西方文化和中华优秀传统文化兼容并举的原则，传播中华优秀传统文化中"讲仁爱、重民本、守诚信、崇正义、尚和合、求大同"的思想理念和美德。教师应在课堂教学中适时适量地融入中华优秀传统文化内容，以自身良好的文化素养和文化自觉、自信、自强，引领学生学习感悟中华优秀传统文化的精神实质、当代价值和特色魅力，切实增强学生对西方思想文化思潮的鉴别能力和批判能力。

最后，高校要为商务英语教师提供更多接受继续教育和培训的机会，使他们能够系统掌握中华优秀传统文化，充分发挥自身的专业优势，不断提高运用英语表达中华优秀传统文化的能力，促进语言教学与文化教学相融合。

第二节　商务英语教师的发展途径

《普通高等学校外国语言文学类专业本科教学质量国家标准》中就商务英语教师，提出商务英语专业应制订教师发展规划，通过学历教育、国内外进修和学术交流、行业兼职或挂职等方式，不断更新教师的教育观念和知识结构，提高理论素养、教研水平和实践能力的要求。顾佩娅通过深度访谈老一代优秀英语教师的发展案例得出结论，"弘扬老一代优秀教师的主体精神，学习他们与环境积极交互的宝贵经验，是促进当代教师实现专业发展的一个重要途径"[1]。鲍文构建了商务英语教师的专业化发展路径，具体为"商务英语学科教师自我指导学习发展机制、商务英语学科教师反思与行动发展机制、商务英语学科教师群体合作发展机制、商务英语学科教师校本培训发展机制和商务英语学科教师社会体验发展机制"[2]。归纳起来，商务英语教师的发展路径应为个体自我发展和群体合作发展相结合。

一、教师的个体自我发展

教师的个体自我发展强调教师的自我主动性，挖掘自身潜力，进行教学反思、分享交流、科学研究，依靠自身能力实现专业自我发展，不断提高教师个人的英语应用能力、商务实践能力、跨文化交流能力、思

---

① 顾佩娅.在与环境的互动中成长：老一代优秀英语教师发展案例研究［J］.外国语文研究，2015（6）：95-104.

② 鲍文.商务英语学科教师专业发展论［M］.北京：国防工业出版社，2013：52.

辨与创新能力、自主学习能力和跨学科解决问题的能力。教师的个体自我发展意义重大，实现教师个体自我发展的方式如下。

（一）自我学习

商务英语教师应根据自己的知识结构、实际能力及素质情况，加强英语语言知识、商务知识和中华优秀传统文化知识的学习，确立学习目标，根据自己的兴趣选择学习内容，制订长期和短期的学习计划，进行自我学习、自我引导，还可以自我组织学习活动，定期评价自己是否达到学习目的，以便更好地调整和确立新的学习目标。

信息化时代为教师的自主化、个性化学习提供了有利的环境和条件，商务英语教师应充分发挥其在网络时代中的主导作用，掌握有效利用多媒体、网络资源进行教学的技能。教师通过持续不断的自我学习，不断提高个人的课程思政能力和文化育人能力，在深入学习党和国家的政策方针、国内国际的商务政策、国际商务法律知识、商务英语知识的基础上，用自己坚定的中国情怀、高尚的品德和人格魅力影响学生的思想和行为，潜移默化地对学生价值观的形成施加正面影响。

（二）自我反思行动

自我反思行动是指进行教学反思，是教师为改善教学活动进行的一种系统反思性研究行为。商务英语教师应将中华优秀传统文化融入商务英语专业课堂中，凭借其实际教学经验，发现融入过程中的问题，通过观察、深入思考，寻求解决问题的方法和策略，以期达到自我改进、不断完善的目的。"学而不思则罔，思而不学则殆。"知识结构不是在设想中形成的，而是在积极的思维中形成的。自我反思是教师教学知识的重要来源之一，因此商务英语教师应立足于商务英语专业的跨学科性等特点，多视角、多层次地反思商务英语专业教学、教学改革和科研学术等。

商务英语教师可以使用教师反思模式来进行教学反思，行动反思需要教师先进行自我实践。可以采用以下步骤进行自我反思：

第一，回顾教学行动。教师在课堂教学活动结束后，对教学方法、教学内容等教学过程进行回顾，发现不足或需要改进的地方，找出影响教学效果的主要问题。例如，反思教学材料的选取有没有结合实际；课堂活动是否以学生为中心；教学是否有效，中华优秀传统美德和价值观念是否入耳、入脑、入心，真正内化于心、外化于行；对知识和技能的考评是否合理有效；如何用有形的评价机制，对无形的情感进行考评等。

第二，创造新的行动方案。教师在分析课堂上出现的问题之后，探讨和尝试新的行动方案，可采取的反思行动有撰写教学日志，搜集分析典型的教学案例、学生思想进步经历，听课与观察，问卷与访谈，行动研究等。为了更好地进行反思行动，教师可以通过对商务英语课堂教学进行录像，进行自我监察和评估，收集课堂教学样本分析、反思和评价样本，发现问题，找出有针对性的解决办法，并制定、实施教学方案，解决该问题，进一步调整、优化教学行为。

（三）自主科研

课堂教学实践为教学研究提供了丰富的第一手材料，如课堂教学模式和活动设计、课程的设置、学生的自主学习、教材的研究、教学方法的选择、文化融入的切入点、学生的需求等。

商务英语教师可以利用这些材料进行将中华优秀传统文化融入商务英语教学的研究，研究成果反过来又能指导、服务于课堂教学。将理论应用到课堂教学实践中，在课堂教学中检验、完善和发展教学理论，理论又反过来指导教学实践。在这种循环式探索过程中，实践和理论紧密连接，教师自身的"教学经验"和"自我内在知识"都能参与到知识的建构和实践中来，既可以提高教师的教学能力、文化育人的能力和科研能力，又有助于提高人才培养质量。

（四）自我修养

教师要加强自我修养，不断提升专业素养和个人品德，可以从以下四个方面来提升自我修养：

第一，爱国敬业、乐于奉献。教师要牢固树立中国特色社会主义的共同理想，认真贯彻党和国家的教育方针，坚持以德育人和文化育人，孜孜不倦，不断增强敬业精神与奉献精神。热爱教育事业，"学而不厌，诲人不倦"，外语教师更应承担起文化传承与传播的使命，坚信只有中华文化得到继承、发展、弘扬与繁荣，中国梦才得以实现。身为教师，要引导大学生深刻理解中华优秀传统文化，在对中西文化进行比较的基础上培养他们的文化意识和跨文化交际能力。教师还应恪尽职守，乐于奉献，"春蚕到死丝方尽，蜡炬成灰泪始干"。教师要修炼心怀天下、服务社会的品质，讲好中国故事，传播中国文化，促进文明互鉴，推动人类文明进步和世界和平发展。

第二，厚德载物，至诚至善。"天行健，君子以自强不息；地势坤，君子以厚德载物。"教师要不断提高道德修养，提升人格品质，以德立身、以德施教，并把正确的道德观传授给学生，带头弘扬社会主义道德和中华传统美德。《中庸》中有："唯天下至诚，为能尽其性。能尽其性，则能尽人之性。能尽人之性，则能尽物之性。能尽物之性，则可以赞天地之化育。可以赞天地之化育，则可以与天地参矣。"教师自我修养的关键在于至诚至善，教师修养品德的过程是真诚面对自我内心中的教育良知、时刻保持自省的过程。教师要以坦诚之心对待自我，以真诚之心对待每一个学生，尊重学生、理解学生和宽容学生，以真情、真心、真诚教育和影响学生，努力成为学生的良师益友，成为学生健康成长路上的指导者和引路人。

第三，格物致知，知行合一。格物致知是指研究事物的原理而获得知识，让知识成为自我的一部分。知识之道是教师素养中不可缺少的重要因素，而唯有融知识于道德，知识之道才能建立起来，从而打破教师专业与师德之间的鸿沟，让专业成长的过程也成为自我道德成长的过程。融知识于道德，知行合一最为重要的价值在于让其按照自己内心的善良和诚心来从事教学，来与他人和社会相处；以坚定温柔的心灵来游刃有余地处理身边的各类事务，更重要的是随着自我本心的显明和有效地发挥作用，可以使教师在生活与工作中无畏前行，勇于担当责任，修己以诚，自律自主，以一身正气立于天地之间。

第四，为人师表，以身作则。个人品行是中华民族优秀的文化基因，根植于人的内心，潜移默化地影响中国人的思想方式和行为方式。教师在言论行为、生活作风、思想意识等各个方面都要给学生积极向上的影响，起到表率和榜样作用。要以自己的风范、品德、才学去影响、熏陶和感染学生，真正做到"为师之道，端口为先。模范不端，则不模不范矣。不惟立言制行，随时检点，即衣冠瞻视，亦须道貌岸然"。

二、教师的群体合作发展

教师的专业发展不仅需要个体知识建构和个体自我发展，还需要有效的知识增长和更新机制，需要搭建促进教师专业发展的平台，以帮助教师进行协作知识建构。群体合作发展指教学中与同行教师共同合作开发、提供或选择专业发展的方法，从而达到教师专业不断进步的目的。同行合作能够帮助教师找到应对各自商务英语教学中难题的有效方法，弥合各自专业知识结构的欠缺，加速教师教学技能和专业能力的提升。

群体发展还能帮助商务英语教师正确、客观地看待商务英语教学工作和教学成就，以促进教师专业信念的提高。

（一）组建多元背景的教学团队和科研团队

由于商务英语是专门用途英语，具有学科交叉融合的特点，因此在课程思政和中华优秀传统文化融入教育教学的背景下，高校可以组建具有多元背景的教学团队和科研团队。一群有着不同学科背景或者跨学科背景的教学科研团队，遵循共同的价值、目标以及理想信念，在共同的学术规范指引下，用共同的行为模式，组成朝着共同目标一致努力的集群式共同体，形成跨学科、跨专业的复合型学科发展模式。

通过组建教学团队，让来自语言背景、商务背景、中国文化背景、思政教育背景和其他背景的教师共同合作，发挥各自的特长共同完成教学任务。团队定期开展线上或线下的教学研讨和教学反馈，一起分析学生需求、交流教学观点、制定教学大纲和人才培养方案、集体备课、共同设计教学活动、编制教学测试、提供阅读书目等。在团队合作教学中，不同背景的教师可以充分发挥各自优势，相互引导，共享资源，共同探索、研究和总结将中华优秀传统文化融入商务英语的教学方法和教学手段。语言背景教师扩展其商务知识、技能、中国文化知识和思政教育知识；商务背景教师获得语言知识、技能、中国文化知识和思政教育知识；中国文化背景教师扩展其语言知识、技能、商务知识和思政教育知识；思政教育背景教师获得语言知识、技能、商务知识和中国文化知识；年轻的教师还可以借鉴资深教师的教学经验。不同背景的教师在一起开展教研活动，还可以根据商务英语教学中的具体课程，不同背景的教师进行课堂合作。例如，一名商务英语教师和一名中国文化教师共同完成所有教学环节，课程教学以商务英语教师为主，邀请中国文化教师作为专家出现在教学设计中，对整个课程的设计提出指导意见，解答学生、教师的教学难题等。总之，组建教学团队有利于打造完整的课程体系，能从宏观上对教材的选取、授课的主要内容、教学过程设计等进行整体性规划，不管是教学目标的制定、课程大纲的设计、教学进度的安排，还是课堂教学具体环节的呈现，都可以整体布局、细化任务，发挥成员的主动性，集思广益，步步推进。

不同背景的教师还可以组建科研团队，共同申请、完成课题和科研项目的研究。通过申报和完成研究项目，教师可以更好地将自己的实践和教学经验提炼为理论，或者将理论应用到教学实践中去。科研团队可以合作编写教学材料，开发、编写商务英语专业高质量的教材、讲义、练习、辅导材料等，可以一起录制慕课、微课、讲述中国故事小视频等，团队成员互帮互助，在内部形成归属感和向心力，在促进个人发展的同时，可以加强教材建设，提升教学质量。

（二）互助观摩课

互助观摩课是指教师之间相互观课和听课，观课教师带着明确的目的，凭借自我感官及观课工具直接从课堂情境中收集资料、加以分析。商务英语教师之间互相观课，有益于促进其专业素质与能力提高。在同事互助观课中，授课教师主动尝试具有挑战性的教学活动，认真反思、请教、切磋；观课教师具有较强的针对性，以学习者、研究者和指导者的多重身份出现，关注课堂教学与课堂行为的有效性。观摩课结束后，观课教师与授课教师共同分析和讨论教学活动中的长处与不足，通过相互评课，促进教师间互相鼓励、互相学习，共同受益。另外，观课教师可以通过听别人的课，从中得到启发，促进自己改进教学，更加了解自己的教课方式。正如 John F. Fanselow（约翰·范斯洛）所说："我来听你的课，不仅在用放大镜观看教学活动，也在用镜子观察自己，因为你的课堂行为反映出我的很多行为。"[1] 观课教师可以通过观察别人来探究自我教学实践，借助多视角观察他人的优势，客观地看待自己的授课，从而找出问题，将别人的有效教育措施变为自己的教学方式。还可以通过教学竞赛、教学工作坊等形式多样的教师教学能力提升活动，形成氛围融洽、能力互补、开放共享的基层教学文化，促进教师教学能力的提升。互助观课、评课和教学竞赛可以比较全面地满足商务英语教师对改进教学方法、提高课堂教学质量的要求，促进商务英语教学策略和教学范式的形成。

（三）组建校内、区域性、全国性的虚拟教研室

虚拟教研室是"互联网＋教育"在信息化时代背景下产生的新型基层教学组织，以现代信息技术为依托，以立德树人为根本任务，以提高教学质量和人才培养质量为核心，促进建设教师群体合作发展的跨专业、跨学校、跨地域的线上线下群体合作发展平台。虚拟教研室是一种新型的教研形态，在信息技术的支持下，能够突破时空限制，高效便捷地开

---

① Fanselow J F.Breaking Rules：Generating and Exploring Alternatives in Language Teaching［M］.New York：Longman，1987：66.

展形式多样的、"线上＋线下"相结合的教师教研模式，能调动教师的教研积极性，为基层教学组织建设管理提供新思路和新方法。虚拟教研室为教师的教学研究提供沃土，推动教师加强对专业建设、课程实施、教学内容、教学方法、教学手段、教学评价等方面的研究，提升教学研究的意识，凝练和推广研究成果。通过虚拟教研室，共建优质资源。虚拟教研室成员在充分研究交流的基础上，协同共建人才培养方案、教学大纲、教学课件、教学视频、电子资源库、习题试题、教学案例、实验项目、实训项目等教学资源，形成优质共享的教学资源库。高校还可以邀请专家，组织开展常态化的教师培训，发挥国家级教学团队、教学名师、一流课程的示范引领作用，推广成熟有效的人才培养模式、课程实施方案，促进一线教师的教学发展。

当前，我国外语教学的课程思政建设正在有序推进，商务英语教学应充分发挥中华优秀传统文化的教育作用和育人功能，商务英语教师必须持续提升自身教育能力、分析能力与整合能力，把学科教学与人文教育、知识教育充分融合，借助循序善诱与因势利导的柔性教育模式帮助学生们明确积极理念、养成高尚的品德，进而促进学校教书、育人的协调发展。将中华优秀传统文化融入专业教学中，必须提升教师的中华优秀传统文化素养，专业教师承担着重要的使命，扮演着重要角色。要求教师提升责任感和使命感，提高弘扬和传播中华优秀的意识，对中华优秀传统文化开展深入的学习和研究，不断加深对中华优秀传统文化的理解，积淀传统文化底蕴。通过教师的个体自我发展和群体合作发展，不断提升教学和育人能力。在教学设计和课堂教学中，有意识地将中华优秀传统文化渗透到教学的各个环节，通过进行跨文化的对比与分析，用流利的英语准确表达中华文化的内涵与魅力，从而引导学生提高对中华文化的学习兴趣和积极性，提高学生对中华文化的口语表达和写作能力，培养学生树立平等对待多元文化的观念和意识，更好地把握中西方文化的特点和差异，更好地传承和传播中华优秀传统文化。

第五章　中华优秀传统文化融入商务英语教学的理念与实践

　　将中华优秀传统文化教育融入商务英语教学，旨在让商务英语专业学生学习和领会中华优秀传统文化的精神实质，激发学生对中华优秀传统文化的自主学习热情，增强文化自信和民族自豪感，增强学生传承、弘扬和对外传播中华优秀传统文化的责任感和使命感。中华优秀传统文化与商务英语专业教学的融合不是将二者进行简单的相加和结合，而是要遵循商务英语专业的学科性质和目标，挖掘中华优秀传统文化与商务英语专业课程之间的契合点，进行恰如其分的融合教学，力求二者之间深度融合、"融盐于水"。为了实现这一目标，需遵循一系列的融入原则与方法，本章重点阐述将中华优秀传统文化融入商务英语教学的理念与实践，从中华优秀传统文化融入商务英语教学的理念、原则、方法和典型案例四方面进行论述。

第一节　中华优秀传统文化融入商务英语教学的理念

　　想要将中华优秀传统文化融入商务英语教学，就要让商务英语教师遵循正确的教育教学理念和文化育人观念，以《普通高等学校外国语言文学类专业本科教学质量国家标准》为指导，以课程的教学目标和教学大纲为依据，充分挖掘教材中蕴含的中华优秀传统文化的文化基因和价值范式，适当增加中华优秀传统文化在商务英语教学中的比例，在提高学生语言水平和商务知识的综合运用能力的同时，构建具有中国特色、中国风格、中国气派的商务英语教育体系，培养具备中国情怀、国际视野、坚定的中国文化自信，在国际商务活动和跨文化的交流互鉴中，坚守中华文化立场，讲好中国故事，传播好中国声音的商务英语专业人才。商务英语专业作为重要的人文学科之一，在专业知识中融入中国人文关怀、中国传统哲学思想、中华美德等价值观教育是其应有之义。将中华优秀传统文化融入商务英语教学，要坚持三个有机统一：坚持思政教育与中华优秀传统文化知识和商务知识教育的有机统一、坚持价值引领与知识传授和能力培养的有机统一、坚持教书与育人的有机统一。

一、坚持思政教育与中华优秀传统文化知识和商务知识教育的有机统一

《高等学校课程思政建设指导纲要》指出，每一门课程都要发挥好育人的作用，教师需要抓住课堂这一"主渠道"，坚持显性教育和隐性教育相结合的原则，在现代教育技术手段的辅助下，潜移默化地将价值塑造、知识传授和能力培养三者有机融合到一起。商务英语专业兼具工具性和人文性的特点——工具性是指要提升英语综合应用能力，包含听、说、读、写、译等能力，并且能够使用英语学习商务专业知识与交流专业信息；人文性是指要将中华优秀传统文化有机融入商务英语教学中，提升人的素质，关注人的全面发展，它的重要任务是使学生能够具备进行跨文化交流的能力。

中华优秀传统文化具有价值引领的天然属性，课程思政的理念与文化育人的理念高度契合，都是全人教育，致力于培养有社会责任感的公民。将中华优秀传统文化融入商务英语教学，可以拓宽大学生学习中国文化知识的渠道，增加他们获取中国文化知识的机会，同时能够在教师的引导下，系统把握中华优秀传统文化的内涵与精髓，这不仅能够全面提高他们的文化素质，也为他们将来传承、弘扬、创新中华优秀传统文化做好知识储备。中华优秀传统文化滋养思政教育，是课程思政的重要内容之一，通过挖掘课程本身的中华优秀传统文化元素，将中华优秀传统文化作为沟通语言、商务知识和思政内容的桥梁和纽带，开发三者深度融合的教学内容，并配套行之有效的多元教学模式，通过语言教学和商务知识来帮助学生拓宽国际视野，通过中华优秀传统文化知识帮助学生更加深刻地理解构建人类命运共同体的意义，践行文化自信，推动中国文化走出去，向世界讲述中国故事，让世界了解中国。中华优秀传统文化和思政元素由此得以潜移默化地融入教学中，结合中华优秀传统文化中德才兼备的育人观，可以反映风土人情与传统习俗中的民族文化特色对德行的塑造；结合与国内外时代特征对应的话语范畴或语言概念，

客观真实反映语境中的典型案例和人格特征，进而发挥提升人生境界、淬炼意志品质的德育功能。在进行商务知识传授和语言能力培养的同时，对学生进行思政教育，提升人格修养和职业道德，最终实现立德树人的育人目标，实现思政教育、知识传授、文化传承的三位一体、互融共通。

二、坚持价值引领与知识传授和能力培养的有机统一

商务英语课堂既是教师传授知识的重要场所，也是教师进行价值引领的实践基地。知识传授是教师在课堂上对学生进行专业知识、专业能力等方面的教育，通过任课教师丰富生动的讲课与教学实践，提升学生的知识水平和实践能力；价值引领是教师对学生进行理想和信念层面的精神指引。知识与价值之间不是割裂的关系，而是一体的。知识本身包括意义与功能的价值判断，内化的知识就是内化的价值，知识的价值包含知识本身的价值和知识对实践的指导和应用价值。优秀的商务英语专业人才不仅需要具有丰富的知识、专业的技能，还需要树立正确、全面的发展理念，具备正确的世界观、人生观和价值观。正确的价值观、世界观、人生观是关乎学生未来发展和人生道路的重要内容，对学生具有深远持久的影响。文化育人不同于某一专业的具体知识，它不能让学生立刻进行实践应用。价值引领具有隐性化的特点，主要是潜移默化地对学生未来的人生方向、价值判断、价值选择、理念信仰等方面起作用，这些都是事关学生成长方向和发展抉择的重要事项，是关系到学生长远发展的重要环节。总之，商务英语教师要充分提炼教材中蕴含的文化因素、中国价值观念、传统美德和中国精神，并将其渗透并贯穿于教育教学的全过程，包括教学目标、教学活动设计、教学内容、课外实践、课程评价及教学管理等教学过程。将抽象的价值观念转化为社会主义核心价值观具体而生动的有效载体，促进知识传授与价值引领的有效结合，提升价值教育的效果，落实立德树人的根本任务。

商务英语教师不仅仅是对学生进行知识传授的教育者，也是学生成长过程中重要的指引者和榜样，教师的言传身教对学生意义非凡。教师在长期的教育工作中不断地探索出进行知识传授与价值引领的有效路径，有利于提升商务英语教师的教学质量和育人水平，更好地实现立德树人的教育目标，具有重要的应用价值和意义。价值引领与知识传授和能力培养有机结合时，要深入浅出，不能生搬硬套，要丰富价值引导的形式，通过多种方式探索出开展文化教学与能力培养、价值引领的有效途径。

例如，在讲有关商务礼仪与人文介绍时，教师可以自然地引入我国的礼仪文化，随后进行中西方礼仪文化对比分析。在课堂上加强对于中华优秀传统文化的弘扬与传承，能有效地提升学生的文化自信，更好地激发学生对于中国优秀传统文化的价值认同，更好地提升学生对于中国民族文化的自豪感。要想以柔性化的方式达到教育目标，起到"润物细无声"的教育效果，彰显"以人为本""以生为本"的教育理念的，只有坚持价值引领与知识传授和能力培养有机统一，才能够在最大程度上保障人才教育的方向，提升学生的综合素养水平，使学生成为了解国家政策方针及国内外时事，拥有坚定理想信念、先进思想追求的高素质人才，为中国的强国之路奠定坚实的文化基础。

三、坚持教书与育人的有机统一

教书与育人是教师最根本的职责与使命。其中，教书与育人既是互动关系，又各自独立、互为因果。教书是指教师传授给学生知识技能，是知识技能的输入与输出；育人是师生间思想的交流和情谊的互动共鸣。在信息化时代，学生获取知识的渠道已经不只是局限于传统的课堂教学，知识的传授更应该包含有育人的因素，而知识传授是育人的纽带。教师坚持立德树人，将教书与育人有机结合，培养学生的人生观、世界观、价值观，引导学生今后如何做人、做事。教师关心爱护学生，在传授专业知识的同时，以自身的道德行为和魅力，言传身教，引导学生探寻自己生命的意义，实现人生应有的价值追求，塑造自身完美的人格。

自古以来，我国一直强调教书与育人的和谐统一。从孔子的"仁爱礼仪"生成的德育至上观念到孟子的"反求诸己、持志养气"，从老子的"尊道贵德"到董仲舒的"必仁且智、强勉行道、明于性情"等，都强调德育的重要性，他们认为德育应与智育充分融合。在新时期，要贯彻落实课程思政和"全过程、全方位和全员参与的立德树人"理念，就要求在教学中将德育教育放在重要位置。高校应把立德树人置于中心环节，将立德树人真正内化到高校建设与管理等诸多领域和环节当中。因此，课程思政视域下将中华优秀传统文化融入商务英语教学，是建设大思政格局的迫切需求，更是传承中华美德以及弘扬中国文化的重要路径。

将中华优秀传统文化融入商务英语教学，要从中华优秀传统文化里汲取营养，继承中华民族注重德育的教育传统，坚持教书与育人有机统一。作为教师，为人师表更是要立德树人，坚持教书与育人的有机统一。

第二节　中华优秀传统文化融入商务英语教学的原则

在将中华优秀传统文化教育融入商务英语教学时，应遵循高等教育的规律，准确把握当代大学生的思想特点和成长规律，不断创新教育途径，充分发挥中华优秀传统文化在高校文化建设中的优势作用。将中华优秀传统文化融入商务英语教学，可采用四结合的融入原则：理论与实践相结合、育德与育心相结合、课内与课外相结合、线上与线下相结合。

一、理论与实践相结合

坚持理论与实践相结合，需要坚持知识、情感、行为的有机统一。《语类》中有："知、行常相须，论先后，知为先，论轻重，行为重。"在知和行二者的关系中，如果论先后顺序的话，知在先行在后；如果论重要性的话，行比知更重要。知是行的前提，行是知的目的，要用知识来指导行动，用行动来检验和深化认知，做到"知行合一"，即理论与实践的统一。

将中华优秀传统文化融入商务英语教学，要加强理论研究，重视提升教师自身的文化素养和文化育人能力，帮助教师更好地将学科知识与价值引领相结合，确保教师能够在知识传授与价值引领相结合的过程中，思想认识到位、行动落实到位。商务英语教师要以正确的人文知识、科学的教育方法进行课堂教学，及时地更新教育理念、丰富教育内容，结合时代需要、社会需要、教育事业的未来发展需要，使正确、积极、健康的价值引领充分地发挥出实效，结合学生的特点和实际需要，尊重和满足学生的知识诉求、心理诉求和思想诉求。教师要积极开展相关的学科研究，不断在实践中总结经验教训，并将其整理成相应的理论成果，为其他的教育工作者和研究者提供参考，丰富相关的理论研究和实践教学，提升商务英语人才培养的实效性和科学性。在课堂教学模式中，对中华优秀传统文化的普及、渗透和融合，主要集中在中西方文化的对比和对传统文化及其成果的展示和讲解上。教师应注重课堂教学中融入中华传统文化知识的系统性和完整性，在理论知识普及之余，可采用视频、音频、图片等多媒体教学手段加深学生对中华优秀传统文化的体验感和理解度。教师应引导学生在课外广泛阅读中华优秀传统文化的经典书籍，重视课外阅读，养成阅读的习惯。中华传统文化经典书籍应作为大学生课外的必读读物，使学生在课堂学习之余，通过自学扩大知识面，促进传统文化知识与商务英语专业的融合。

在实践教学部分，要加强商务英语教育中传统文化学习的实践教学，建立完整有序的融合实践教学系统和长效机制。高校可以把课外实践活动纳入人才培养方案和教学大纲中，规定学时、学分、实践的具体任务要求、参加实践的具体时间和时长等。高校还要营造校园内中华优秀传统文化的学习氛围，在校园文化活动中开展丰富的以学习中华优秀传统文化为主题的活动，这对于学生学习中华优秀传统文化知识、提升文化素养、培养文化自觉、提高对中华优秀传统文化的英语表达能力有着直接的影响；定期举办中华优秀传统文化讲座，邀请著名的文化学者介绍中国历史、文学、建筑、艺术、民俗、饮食、服饰文化等，并进行中西方文化对比，加深对中华优秀传统文化的理解；还可以充分利用节假日，挖掘传统节日文化中的现实价值，中国传统节日有其特有的文化符号，与学生的生活紧密相连，通过解读这些文化符号，实现传统节日文化历史与现实的文脉相接。组织开展诗词朗诵、英语演讲活动，开展中国画、书法、剪纸作品展览，举办用英语讲好中国故事竞赛等蕴含传统文化元素的系列活动，在活动中学习中国传统文化；营造学校传统文化环境，在图书馆、教学楼等学习场所张贴中国传统名言警句或书法、国画作品等，形成良好的传统文化氛围；加强中华优秀传统文化网络平台和学习平台的建设完善，为学生自主学习中华优秀传统文化、加强文化修养提供充足的资源和便捷的平台；建立大学生传统文化实践教育基地，课外社会实践是人才培养的重要环节，建立大学生传统文化实践教育基地，是将中华优秀传统文化融入商务英语教学的一部分。高校应拓宽渠道和搭建平台，丰富商务英语专业学生参加社会实践的内容和形式，加强与博物馆、爱国主义教育基地、历史文化遗址保护单位、少数民族村寨等的联系，建立传统文化实践教育基地，有计划、有组织、定期地让学生到教育实践基地开展社会实践，让学生通过亲身参与实践活动，感受中华优秀传统文化的魅力和中华美德，加强对优秀传统文化的认知和认同，践行中华优秀传统美德。高校还可以充分利用暑期"三下乡"社会实践和课程实习的机会，组织商务英语专业学生到传统文化教育实践基地进行中华优秀传统文化的宣讲，引导学生在实践中把对中华优秀传统文化的情感认知上升为理性认同，升华为热爱中华优秀传统文化的情感，并最终落

实到个人对于中华优秀传统文化的日常践行之上，实现知行合一。教师
要加强对实践活动的指导，引导学生积极思考，结合中华优秀传统文化
的具体内容，丰富社会实践活动的形式，紧扣活动主题和学校自身特色，
努力打造大学生社会实践活动的特色品牌。通过大学生社会实践活动，
把说服教育与实践教育结合起来，变宣传教育为灵活多样的体验教育，
让学生在实践中接受知识，促进中华优秀传统文化教育的开展。还可以
开展多样的主题活动，围绕中华优秀传统文化的特定内容、核心思想，
开展主题鲜明、形式多样、具有实践性和灵活性的教育活动。主题活动
应坚持"以学生为中心"的理念，紧密结合学生的兴趣爱好，贴近大学
生的现实生活，坚持文化育人，以研讨会、学习班、研读经典、文体活动、
校内参观和网络在线学习等为主要形式，来塑造学生的人格，培养学生
的社会责任感和奉献精神，培养中华美德和中国情怀；不断拓展主题活
动的深度和广度，突出多元性和互动性，不断创新主题活动的内容和形式。
通过主题活动，可提升学生对中华优秀传统文化内涵及其中国精神的理
解和实践应用能力，实现学生人格的完善和人文精神的提升。

二、育德与育心相结合

教师要充分发挥中华优秀传统文化教育的德育功能和大学生心理健
康教育的育心功能，构建育德与育心相结合的育人模式；坚持"以德养心，
以心育德"，形成教育合力，构建以德育为导向、以心育为基础、以课
堂教学与课外活动为主要渠道的育人模式，培养学生的道德素养、积极
的心理品质和健全的人格，促进学生健康成长。就育人而言，育德与育
心具有交叉性和互补性。心理教育作为德育的延伸，是德育发展的前提；
道德品质的形成以心理健康为基础，并为心理健康教育提供价值导向。
育德与育心的终极目标，都是为了培养学生健全的人格、正确的价值观
和人生观。将中华优秀传统文化融入商务英语教学中，需要从以下方面
进行育德与育心的结合：

第一，将传统文化中"明道、正义、节制物欲、修养人格、不为物役"
等修身理念融入学生的自我认知教育，引导学生不断自我发现，清晰客
观而全面地认识到自己的优缺点、个性特点等，能自我接纳、调节自我、
管理自我，具有良好的自我概念，并在自我认知的过程中，探索和修正
自己的人生观和价值观，重塑自己的人格系统。

第二，结合"自我与环境的关系"方面的内容进行育德教育。"自

我与环境"包括自我与他人的关系(与同学、与室友、与老师、与异性朋友)、自我与环境的关系(自我与社会、职业、家庭、国家)。"自我与环境的关系"既是心理健康教育的重要组成部分，也是德育的重要内容。运用中华优秀传统文化中"仁者爱人、与人为善、孝老爱亲、诚实守信、天人合一、道法自然"等理念，帮助学生理解人际交往中的心理效应，运用"自强不息、百折不挠"等精神，对学生进行挫折教育，培养良好的心态和坚强的意志力，以应对未来商务职场和生活中的压力，将挫败感、压力感、焦虑感转化为前进的动力，更好地适应未来的生活。

三、课内与课外相结合

课外是课堂学习的拓展和外延，将课内与课外相结合，就是要以课堂教学为核心，以课外自学及参与学校生活和社会实践为拓展和延伸，将课堂学习与课外行为训练二者结合形成的育人方式，其中课内为第一课堂，课外为第二课堂。在积极利用第一课堂这个主渠道时，还要主动组织和开展好第二课堂教育活动，特别是开展课外中华优秀传统文化自主学习和中华优秀传统文化主题教育活动。

一方面，引导学生课外自主学习中华优秀文化知识。教师可以筛选与课程思政要求、时代发展密切相关的文化教育素材，在课外通过微信群、QQ群、中国大学慕课平台、超星学习通、学习强国等网络平台推送给学生，鼓励学生广泛开展有广度和深度的中华优秀传统文化阅读和自主学习，扩大对传统文化的知识储备，从而弥补商务英语教材中材料的时代性与鲜活性不足的问题。教师可以针对性地对学生进行阅读指导，推荐中华优秀传统文化阅读书目、报刊及相关网站等，鼓励学生撰写英文阅读日记、摘要或读后感；充分利用校园媒体，如校园网络、校园广播台、校报、学生社团刊物等传媒手段，在学生中广泛宣传中华优秀传统文化，充分发挥校园传媒的功能，使校园时时处处都有中华优秀传统文化教育的氛围，增强教育的互动性，引导学生坚守中国文化身份，树立文化自信，涵养家国情怀。

另一方面，开展以学生为中心，以间接德育活动为主的课外活动。高校可以积极开展和组织班级、专业、学校级别的以中华优秀传统文化教育为中心的校园文化活动，如传统乐器演奏、传统歌舞比赛、传统服饰节、饮食文化节等，充分利用春节、端午节、中秋节、重阳节、国庆节等节庆日资源，激发学生对传统文化学习的热情，营造良好的传统文化学习环境和氛围，以此达到文化育人的目的；还可以开展以中国优秀传统文化教育为主题的报告会，通过演讲、辩论赛、知识竞赛、文化沙龙、英语趣味配音、中西电影赏析等形式，在学生中广泛开展中华优秀传统文化教育活动，以良好的校园文化氛围为载体，使学生在参与活动的过程中感受到中华优秀传统文化的魅力，并在学习和日常生活中积极践行中华美德。不同的高校还可以根据学校的学科优势和地域，开发独具本校特色的传统文化主题式课外活动。例如，中医药大学可以开展用英语讲述李时珍等国医大师的故事、校内举办中医药英语翻译大赛等；还可以通过文化实物展示的方式拓宽学生的文化视野，如邀请专业人士开展茶艺表演、诵读经典、演奏民间传统乐器等课外活动，营造浓厚的文化氛围，激发学生传播中华优秀传统文化的责任感和使命感。

四、线上与线下相结合

随着互联网技术的飞速发展，人工智能、神经网络、语音识别等自然语言技术为商务英语教学提供了有力的技术支持。学习者不仅可以便捷地获取海量的音频和视频资源、电子书、语料库、百科全书等商务英语学习资源，还能使用慕课平台、手机应用软件、网络电话、网站等进行辅助学习。教师可以采用线上线下混合的教学模式，将中华优秀传统文化融入商务英语教学的全过程。在线下教学中，教师在传统课堂中与学生面对面讲解和讨论主题内容，讲解重难点，开展多样化的活动，引导学生思考，布置课后作业等。在线上教学中，教师通过慕课在线课程平台、直播课堂、QQ群、微信、电子邮件等，利用文字、图片、视频等多模态教学资源，引导学生进行自主学习与合作学习。学生可以自主选择学习内容，在线反复观看教学视频，安排和调整学习时间；可以通过在线搜索工具查找资料和收集文献，通过社交工具与同伴交流讨论、分享学习成果和心得体会，实现资源共享和合作学习。教师可以通过线上打造传统文化经典学习共享平台，指导学生发挥专业优势与创新能力，参与传统文化体验活动的决策与设计；线下活动则体现在实习、实训与校园文化建设中，利用文化展览、名胜古迹、博物馆、纪念馆等资源，指导学生进行研讨、讲解等主题活动。

教师在线上线下混合教学模式中起主导作用，教师主要负责设计教学内容，整合各种教学资源，指导学生进行研讨式、探究式、反思性学习。利用线上与线下相结合，高校可以组建"线上＋线下"多元合作的教学团队，团队成员可包括商务英语教师、中国文化课教师、思政课程教师、外教、校外专家、行业兼职教师等；充分发挥各领域教师的优势，形成"语言＋商务＋文化"深度融合的教学内容；实现以学生为中心，以职业实践活动和跨文化交际能力的培养为导向，以语言技能为经线，以文化素养为纬线，来重构教学内容。线上与线下相结合，可以增强学生的学习兴趣，更好地满足个性化的学习需求。

首先，学生可以依托文字、图片、音频、动画、视频等多模态信息，在多模态的环境中进行语言输入和输出。例如，学生可以录制用英语讲述中华优秀传统文化故事的视频，发布到短视频平台上，然后进行同伴共享与互评。

其次，教师可以选用慕课平台、学习软件或者自媒体平台，录制原创教学视频，或引用国内外优质教学视频、音频资料，延展线下课堂教学，提高学生的学习积极性。

最后，学习效果和课程评价也可以采用线上线下相结合的方式。教师应以学生的发展为出发点，采用终结性考核和形成性考核相结合的方式，对学生的学习效果进行评价；利用平台收集学生在线学习过程的各项数据和资料，包括学习时长、练习完成情况、上课发言情况、小组讨论记录、小组展示成果、用英语讲述传统文化故事、英文朗诵、英文配音等，为每一位学生建立一个云端电子档案袋。除了老师对学生的表现进行评价，还可以进行同伴互评，如小组内成员互评、组际间小组互评等。还可以利用语料库技术，对学习者的语言学习进行诊断性评价，如使用批改网对学生的商务英语写作能力进行评价等。线上线下相结合的考核方式具有可视化、作品化、过程化的优势，最终有利于建立一个立体、科学、全面的考核形式。

第三节　中华优秀传统文化融入商务英语教学的方法

一、组建课程群，形成价值引领共同体

要想将中华优秀传统文化融入商务英语教学，可以将中华优秀传统文化教育纳入人才培养方案，单独开设中国文化相关的选修课，还可以

紧紧围绕中华优秀传统文化这条隐形的"文化育人线"，组建商务英语专业课程群。课程群围绕特定的主题，以传授特定的知识、培养学生特定的能力和素养为目标，是由多门性质相关或相近的课程"串联"而成，组成的一个结构合理、层次清晰、相互连接、相互配合、深度呼应的连环式课程体系。课程群通过对相关课程进行再设计，以课程之间的知识、方法、问题等逻辑联系为结合点，体现群内一门课程对另一门课程的意义，形成一个相对独立的课程系统。由课程到课程群再到课程体系，就是由点到线再到面的关系。课程作为"点"，是构成课程体系的基本元素，每一门课程都承担多个方面知识、能力、素质的功能和任务，一起服务于商务英语人才培养；课程群是"线"，由多门课程的"点"串联而成。将中华优秀传统文化作为一条隐形的文化育人的线，贯穿到商务英语的教学过程中，构成课程内容丰富全面、相互支撑的商务英语课程体系。

在商务英语教学中融入中华优秀传统文化，可结合专业课程体系、课程类别和课程特点，从中深入挖掘可以起到价值引领作用的中华优秀传统文化元素，将其有机融入课程教学，达到润物细无声的文化育人效果。但因外语类专业基础课的教学材料"在内容上的系统性不是很强，甚至呈碎片化"[①]，加之任课老师在落实课程思政和文化育人时，往往是针对自己主讲的单一课程，个人对内容的选择较为随机和零散，不能形成相对完整的体系，不利于将中华优秀传统文化系统化地融入商务英语专业教学中。因此，组建课程群有利于成体系、系统性地在商务英语教学中融入中华优秀传统文化。课程群是在分析各门专业课程特点的基础上，整合各门课程在语言、知识和能力上的逻辑联系，组建相互关联和相互补充的系统性系列课程；同时针对同一专业方向的课程，在教授语言知识和商务知识的过程中，可以潜移默化地进行中华优秀传统文化教育，形成各门课程之间形成相互贯通、相互促进的有机体；最后通过紧密结合、广泛渗透来达到持久的教育效果，形成一种全方位、多层次、宽领域的中华优秀传统文化教育氛围。学生通过语言知识、商务知识、跨文化知识、人文知识的学习，全方位围绕进行文化育人，实现价值判断和价值引领。同时，通过中西方文化对比，不仅可以了解他国文化，还可以从中国视角出发，关注更为广阔的人类历史发展轨迹，拓展国际视野，通过文明互鉴，涵养家国情怀和提升国家认同。

《高等学校商务英语专业本科教学质量国家标准》指出，商务英语

---

① 陈法春. 外语类本科专业课程思政内容体系构建［J］. 外语电化教学，2020（6）：12-16.

专业旨在培养英语基本功扎实，具有国际视野和人文素养，掌握语言学、经济学、管理学、法学（国际商法）等相关基础理论与知识，熟悉国际商务的通行规则和惯例，具备英语应用能力、商务实践能力、跨文化交流能力、思辨与创新能力、自主学习能力，能从事国际商务工作的复合型、应用型人才。从《普通高等学校外国语言文学类专业本科教学质量国家标准》中可以看出，商务英语专业致力于培养宽口径的国际化、复合型、应用型人才。《普通高等学校外国语言文学类专业本科教学质量国家标准》规定商务英语专业核心课程应按四大模块设置，即语言知识与技能课程模块、商务知识与技能课程模块、跨文化交际课程模块、人文素养课程模块。将中华优秀传统文化有机融入课程教学活动和教学实践中，可以形成语言、商务、文化和人文四维一体的课程群，该课程群的建构如图5-3-1所示。

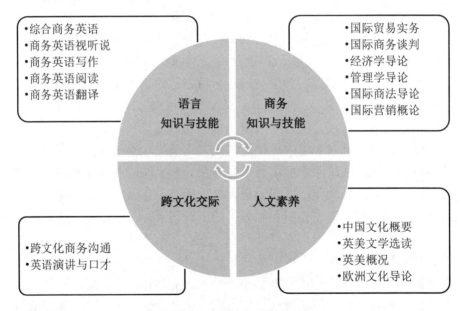

图 5-3-1　商务英语课程群图

该课程群由若干门课程组成，课程之间相互独立又相互联系，涵盖的课程内容丰富，层层递进。在语言知识与技能课程中，通过词语、句子、段落、篇章的学习和对文本的赏析，进行听、说、读、写、译的练习；了解英语话语模式，通过英汉两种语言的对比，学习英汉两种语言的特点和差异，了解语言背后中西方在价值观和思维方式上的差异；深入学习中华民族的语言习惯，熟悉在商务英语写作中的中国原则，熟练进行英汉互译；融入了中华民族"讲仁爱、守诚信、求大同"等思想理念，引导学生塑造传统美德和中华人文精神，传承和传播中华优秀传统文化。在商务知识与技能课程中，了解中西方商务礼仪和文化；了解中华民族时代传承的礼仪文化、服饰文化、饮食文化、民俗文化等行为方式和行为模式；了解新时代中国特色社会主义建设所取得的经济成就和根本性变革的故事，并用英语讲好"中国故事"；在跨文化交际课程中，了解跨文化交际理论和实践知识；了解他国文化并进行中西方文化对比，学习儒、释、道及诸子百家思想为主要内容形成的独具特色的价值观念、思维方式、民族性格等；在人文素养课程中，学习中国古代经典文学选读，了解中国文化和中国精神，学习社会主义核心价值观，培养学生的家国情怀与道德修养，进行文明互鉴，融入中华文明的文化自信，塑造学生"人类命运共同体"全球价值观。课程群对应的育德目标、中华优秀传统文化融入点和教学方法，具体见表 5-3-1。

表 5-3-1 课程群对应的育德目标、中华优秀传统文化融入点和教学方法

课程名称	德育目标	中华优秀传统文化融入点	教学方法
综合商务英语	中华民族"讲仁爱、守诚信、求大同"等思想理念；中华传统美德；中华人文精神和文化传统	通过词语、句子、段落、篇章的学习和对文本的赏析，进行听说读写译的练习，了解英语话语模式，掌握英语语言基础技能；通过英汉两种语言的对比，学习英汉两种语言的特点和差异，了解语言背后中西方在价值观和思维方式上的差异；深入学习中华民族的语言习惯，融入中华民族"讲仁爱、守诚信、求大同"等思想理念，引导学生塑造中华传统美德和人文精神，传承和传播中华优秀传统文化	教师讲授、学生展示、小组研讨、翻转课堂、英汉对比、视频观看、同伴互评
商务英语视听说	正确的世界观、价值观、人生观、高贵的人格和高尚品德	在提升学生听说技能的同时，挖掘听说材料中的文化育人元素，引导学生关注视频和音频文本中所呈现的人生观、价值观与道德观，帮助学生树立社会主义核心价值观	教师讲授、学生展示、小组研讨、翻转课堂、角色扮演

续表

课程名称	德育目标	中华优秀传统文化融入点	教学方法
商务英语写作	中华民族的诚信友善精神，以礼待人，公平交易等思想；写作中的中国原则	在讲解询盘和报盘的写作方法和技巧时，强调写作者应该以诚信为本、公平交易，强调中国自古以来在对外贸易中都秉承着诚信友善的原则；在处理订单过程中强调产品质量的重要性，获取订单的前提是产品质量卓越，学习工匠精神，要有匠心和责任心；以严谨的态度对待交易和结算，树立风险意识，冷静地处理和解决问题；讲解商务英语写作的6C原则时，加入中国原则，即："贬己尊人、以和为贵、上下长幼"	教师讲授、任务型教学、小组项目式研究、英汉对比
商务英语阅读	文化自信；对中国特色社会主义文化先进性的认同感与自豪感	利用阅读文本选择的广泛性和灵活性，融入丰富的中华优秀传统文化素材；通过中西语篇的对比阅读和赏析，提高学生的思辨能力与跨文化交际能力，激发学生对中国特色社会主义文化先进性的认同感与自豪感	教师讲授、小组研讨、新闻报刊时文阅读、中国古代经典诵读会、英汉对比
商务英语翻译	赏析汉语的语言之美、文化之美和翻译之美；培养合格译员的政治素养、爱国精神、文化素养、严谨态度、钻研精神等；提升文化自信	通过讲解商务英语的语言特点，引导学生学会赏析英语和汉语的语言之美、文化之美和翻译之美；通过讲解商务英语的翻译标准，融入合格译员的政治素养、爱国精神、文化素养、严谨态度、钻研精神等；在学习翻译的选词技巧时，引导学生在选词时，不仅追求准确和文化对等，还要注重美学对等；在领悟汉语语言之美的同时，增强在汉语中传达出美感的使命感，提升文化自信；讲解产品说明书的翻译技巧时，侧重学习中国特色产品说明书的英语翻译，如中国的茶叶、白酒、美食、中药等。通过翻译练习，让学生了解更多的中国文化以及语言特色，查询并翻译文本中涉及的历史典故，传承中华文脉	传统文化及时政热点翻译对比与学习、中英文对比和赏析、教师讲授、小组研讨、翻译实践、讲练结合

续表

课程名称	德育目标	中华优秀传统文化融入点	教学方法
国际贸易实务	中国传统价值观、经商观、诚信精神和合共生的理念	选取国际贸易中的案例，通过微课视频进行讲解，融入中国传统经商之道"以和为贵、和气生财、注重诚信"的传统价值观以及贸易强国的中国传统价值观和经商观；在建立业务关系进行合同磋商时，融入睦邻友好的精神；在处理国际贸易争议时融入"和合共生""人类命运共同体"的理念；在外贸单证制作中突出"工匠精神"；在报关中由海关融入国家主权意识，培养爱国情怀	教师讲授、小组研讨、案例分析、英汉对比
国际商务谈判	中国传统礼仪、服饰文化等行为方式；集体主义的价值观	在国际商务谈判礼仪素养和谈判的心理调节，融入中国传统礼仪和服饰文化；将不同国家的谈判风格，融入中国的集体主义价值观	教师讲授、小组研讨、案例分析、角色扮演、英汉对比
经济学导论	了解新时代中国特色社会主义建设所取得的经济成就和根本性变革的故事，学习"日新月异"和"应变精神"的传统文化理念，厚植爱党、爱国、爱社会主义的情怀	导入案例，让学生感受我国经济的飞速发展以及对全球的影响，体会中华优秀传统文化中"创新求变"的精神，激发学生的爱国热情和历史使命感，坚定学生成为国之栋梁、报效祖国的决心；结合目前后疫情时代的国际形势，科学认识我国经济的"双循环"模式，认识到自己作为当代大学生，在我国国际地位发生重大变化的历史关键时期肩负的民族使命，形成科学的职业发展观与价值观；引导学生思考中西方社会发展过程中经济发展所起的重要作用；同时通过对比我国与西方资本主义社会中的资本运作方式，使学生认识到我国社会主义市场经济体制的人文关怀	教师讲授、小组研讨、案例分析、英汉对比

课程名称	德育目标	中华优秀传统文化融入点	教学方法
跨文化商务沟通	中华优秀传统文化的价值观念、思维方式、民族性格等；中华民族时代传承的物质文化和行为方式	了解跨文化交际理论和实践知识，了解他国文化，进行中西方文化对比，学习儒、释、道及诸子百家思想为主要内容形成的独具特色的价值观念、思维方式、民族性格等；中华民族时代传承下来的礼仪文化、服饰文化、饮食文化、民俗文化等行为方式和行为模式	教师讲授、学生展示、小组研讨、翻转课堂、角色扮演
英语演讲与口才	"修身养性""为人之道"的智慧；价值观与道德情操的培养；中国文化自信；讲好中国故事等	设立多个中华优秀传统文化模块，引入中国古代伟人和当代英雄的故事，对学生进行人格培养与理想信念引导、价值观与道德情操培养的教育；通过时政新闻中的中国故事，培养学生的中国文化自信与家国情怀，以增强社会责任感、传播中国声音等	教师讲授、学生展示、小组辩论、角色扮演
中国文化概要	学习中国文化基础知识；涵养中国精神和家国情怀；自觉弘扬中国文化，坚定文化自信	学习中国古代经典文学选读，了解中国文化和中国精神，学习社会主义核心价值观，培养学生的家国情怀与道德修养；进行文明互鉴，融入中华文明的文化自信，塑造学生"人类命运共同体"的全球价值观	教师讲授、学生展示、经典诵读会、讲读法、中西方文化对比
英美文学选读	中西文化交流，文明互鉴；思辨能力；国际视野	学习英美文学经典作品，了解英美文学基础知识，对文学作品中的资本主义价值观和意识形态进行辩证地分析；通过"西方视角"和"东方主义"对比，培养思辨能力，厚植人文底蕴，树立家国情怀，融通中西方文化，兼容并蓄，培养具有宽广视野的国际化人才	英美文学经典作品对比、小组研讨、作品赏析
英美概况	中国视角下的西方历史文化与价值关系；国别研究中的中国立场和中国视角	梳理英美国家文化与区域国别的研究现状，联系中国社会经济文化的发展现状与道路特色，引导学生树立以"人类命运共同体"为核心的全球价值观、全球治理观与可持续发展观	专题研究形式、案例分析、课堂辩论、师生研讨

续表

课程名称	德育目标	中华优秀传统文化融入点	教学方法
欧洲文化导论	文明互鉴，文化自信；国际关系中的他者问题与坚守中华文化价值观	对个人主义与文艺复兴运动中的人文主义兴起原因进行分析，了解欧洲的地理环境对个人主义文化的形成与发展过程的影响，对比基督教与中国的集体主义和儒家思想的形成与发展过程；了解欧洲各国之间数百年的战争，国家之间的联盟因各自利益而瞬息万变，这对帮助学生认清当今中美和中欧关系有重要意义，通过中西方的对比来加强政治认同、家国情怀和国家主体意识	中西方文化对比研究案例分析、小组讨论、师生研讨、课堂陈述

　　该课程群通过构建价值引领共同体，可以形成语言知识—商务知识—跨文化知识—人文素养四维一体的知识结构。课程群中的各门课程，虽然在课程教学目标、教材内容、课程教学活动等方面存在差异，但是都围绕以德育人和文化育人对学生进行价值引领，融入了中华优秀传统文化，课程与课程之间相互补充，是一个价值引领和文化自信的课堂共同体。不同的课程虽然看待问题的视角不同，但都旨在开拓国际视野，培育中国情怀和文化自信，对学生的信仰、情感、道德和审美进行熏陶，并对价值认同和身份认同等进行价值引领。

　　下面将以"综合商务英语"课程为例，阐释该课程教学的育德目标、中华优秀传统文化融入点和教学方法。

　　《综合商务英语》教材共4册书，每一册含有8个单元，这里以《综合商务英语》第一册书为例。作者通过"四结合"的方式，即理论与实践相结合、育德与育心相结合、课内与课外相结合，线上与线下相结合，对"综合商务英语"的课程中融入中华优秀传统文化进行教学设计。

　　教学设计主要采取以下四步：（1）课前进行线上预习。教师选取视频及文字材料，分享到学生的班级群，学生进行课前预习。（2）线下课堂教学。课堂上，教师通过提问、案例分析、小组讨论、教师总结等方式，对课本知识进行传授，并同时对学生进行价值引领。（3）课后线上拓展。课后学生完成相关的任务，通过QQ群分享等线上方式提交成果，教师进行批改。（4）线下课堂汇报。学生通过课堂陈述的方式，展示成果，同伴进行互评，教师进行点评和总结，引导学生思考并自主开展学习行为投入评估，帮助学生培养团队合作的精神、坚定文化自信，培养和提高跨文化沟通能力，坚持中华优秀传统文化与西方文化对比分析。引导学生了解中西方在政治、经济、文化方面的差异，思考这些差异对各种商务活动的影响，帮助学生学习中华优秀传统文化，坚定文化自信，培养和提高跨文化沟通能力。

《综合商务英语》第一册的主要章节及融入中华优秀传统文化的教学内容，具体见表5-3-2。

表5-3-2　《综合商务英语》第一册的主要章节及融入中华优秀传统文化的教学内容

章节标题	中华优秀传统文化元素	教学活动	德育目标
1. 穿出成功	中国传统服饰文化	时文阅读、小组讨论、案例分析、课堂汇报	1. 坚定文化自信。中国传统服饰体现中华民族的审美品格和思想文化，蕴藏深刻内涵，激发学生对旗袍等传统服饰的设计、工艺及文化的热爱。挖掘中国传统服饰元素，对于现代服装设计和创造新的服装潮流具有现实意义。 2. 服饰在一定程度上有规范人的言行举止、体现传统习俗礼仪文化、划分等级等作用。商务着装要符合身份、扬长避短、区分场合，在不同的场合穿着不同的服装，以此来体现自己的职业形象、教养与品位。 3. 提升学生对于保护、传承、传播中国服饰文化的责任感
2. 人如其食	中国传统饮食文化	视频观看、小组合作、课堂汇报、同伴互评	1. 饮食关乎我们对自身生存环境的深层情感与设想，食物具有象征意义并与文化息息相关，饮食传递了微妙的社会信息差异。中国烹饪是技术、是艺术、是文化、是中华人民辛勤劳动的成果和智慧的结晶。 2. 通过中西方饮食习惯的差异对比，分析中西方文化的差异及原因

续表

章节标题	中华优秀传统文化元素	教学活动	德育目标
3.人在旅途	"日新月异""求新务实""改革创新"的传统文化精神	视频观看、案例分析、课堂汇报、同伴互评	1.通过观看武汉地铁和纽约地铁的视频，了解穿行世界的中国制造，激发学生对中国技术和中国质量的自豪感。 2.了解武汉地铁，感受城市建设的巨大成就和日新月异的变化，学习武汉城市精神（"敢为人先，追求卓越""武汉每天不一样"），关注和热爱我们生活的城市，植入"幸福生活是奋斗出来的"观念。 3.通过对各种交通出行方式优缺点的对比和讨论，引导学生绿色出行、低碳生活，这样噪音、污染、交通拥堵和沮丧感都会减少，人与环境会更加健康
4.旅行开阔心智	国际视野；中华传统文化中"天人合一"的思想；"整体共生、整体关联和动态平衡"的思维方式和意识	视频观看、小组讨论、课堂汇报	1.课文赏析，通过文章中列举旅行的好处，了解旅游的意义，探讨了解旅行对于跨文化交际沟通的重要意义，扩大学生的视野与胸怀天下的格局与胸襟，帮助学生培养国际视野；通过列举与描述我国具有悠久历史的名胜古迹，为学生展现我国的大好河山和锦绣风景，帮助学生形成对我国山河地理的鸟瞰性认识，培养学生的爱国情怀；要求学生珍惜现在的幸福生活，努力学习，为实现中华民族的伟大复兴和自身的科学发展不懈努力。 2.对自然资源应该取之有度、适度开发；环境保护和旅游业发展要走可持续发展的道路。 3.学习"整体共生、整体关联和动态平衡"的思维方式和意识；人与自然的共生是旨在促进不同生物体有意识、有思想的共生

章节标题	中华优秀传统文化元素	教学活动	德育目标
5. 谁动了我的个人账户	中国文化中"修身养性""为人之道"和"明道、正义、节制物欲、修养人格"的智慧	时文阅读、小组讨论、案例分析、课堂汇报	1. 通过提问，引导学生思考和讨论：中西方消费观有无差异？中国传统文化中的消费观是怎样的？如何理性看待消费和存钱这个问题？是尽情买买买，还是努力省省省？如何避免校园贷等问题？帮助学生树立健康积极的金钱观和正确的消费观，理性消费与存钱并非自相矛盾，学会理财，平衡收支，人生才能成功、富有；培养理财意识；树立正确的人生观、价值观、世界观。 2. 理性看待信用卡，抵制超前消费、盲目消费、攀比消费和浪费，抵制校园贷，避免消费陷阱。 3. 修炼好个人品德，不被物欲所引诱和控制
6. 万维网	"吾日三省吾身"，不断完善人格；树立远大的理想，构建良好的精神家园	时文阅读、小组讨论、案例分析、课堂汇报	1. 认识网络和虚拟世界给人们带来的好处和坏处。网络和虚拟世界在给人们提供便利的同时，也产生了副作用，如忽视了真实世界的重要性，忽视了人们对地域感、社群感和当面交流所带来的意外快乐的需求。 2. 网络文化会在无形中影响人们的人生观和价值观，学生意识到努力学习网络安全防范理论，增强网络安全防范意识的重要性。 3. 在日常生活中，反躬自省，不断提高自我修养，自觉自律，树立远大的理想，丰富个人的精神世界，提升人生境界
7. 从崇高到通俗	中国电影文化；坚守中国文化立场和民族品格	视频观看、小组讨论、课堂汇报	1. 中国电影与好莱坞电影有各自不同的特点与优势，电影代表了两国文化的差异。 2. 在经济全球化和好莱坞电影的冲击下，中国电影要树立文化自信，坚守中国文化立场和民族品格，弘扬社会主义核心价值观，不断创新，扩大电影的传播力，去影响全世界

章节标题	中华优秀传统文化元素	教学活动	德育目标
8.通往城市化的道路	中国的建筑特色、民俗文化和城市发展	时文阅读、小组讨论、案例分析、课堂汇报	1.了解国情，正确地认识中国的城市化对经济发展带来的积极影响。 2.中国的城市需要将深厚的历史文化基础和民俗文化传统相结合，打造特色城市文化

二、采用多元的教学方法

将中华优秀传统文化融入商务英语教学，需要依托教材、挖掘教材中的传统文化元素进行课堂教学。课堂教学中采用多元的教学方法，厚植中华优秀传统文化的根基，实现中华优秀传统文化和西方文化的交融与互鉴，这是将中华优秀传统文化融入商务英语教学的主要途径。将中华优秀传统文化融入商务英语教学，可以根据文化学习的特点采用以下教学方法。

（一）中西文化对比法

商务英语教师可以通过文化对比讲解或讨论母语文化与目的语文化的差异，使学生获得文化敏感性。教师通过文化展示给学生介绍与西方文化和中华优秀传统文化有关的项目，引导学生分析归纳中西文化中的差异，寻找文化根源，然后与学生一起讨论该文化差异可能导致跨文化商务沟通中的问题，最后探索解决问题的方法，培养学生对于获得文化的敏感性和理解力，引导学生在多元文化语境中树立正确的文化价值观，树立对中华优秀传统文化的自信，培养学生保护和传承中华文化的责任感。教师可根据上课的实际需求选择讨论的中心议题，选取中西饮食文化对比、服饰文化对比、风俗习惯、礼仪文化、思维方式、价值观等贴近日常生活的话题，突显中西方文化巨大的差异，让学生印象深刻，可以更好地体验文化差异，学习中西方文化知识。

以《中国文化概况》课程中的"传统节日"一章为例，教师可以采用以下步骤进行中西文化对比：

第一，课前预习。教师在课前通过网络在线平台，发布有关中国传统节日的视频，包括中国传统节日的由来、习俗、演变、节日饮食、传统节日中蕴含的文化根源、节日背后的文化精神等，列出核心词汇的英语表达法，为用英语介绍传统节日和风俗习惯作准备。例如，由端午节的由来引出屈原的爱国精神、淡泊宁静和豁达正直的橘树品格，将端午节的民俗文化与人生境界相结合。

第二，课堂讨论。教师将学生分成若干小组，分组讨论中国与西方有哪些节日是相似的，如中国的春节和西方的圣诞节，罗列出各自的内涵、相同点和不同点，如西方的节日文化大多是以自我为中心，是个性张扬的狂欢，而中国节日则带有浓厚的家庭观念，体现了"家庭本位""集体主义""重视稳定和团圆"等思想。结合现实生活中一些大学生热衷于过圣诞节、而冷落春节的现象，引发学生思考传统节日在大学生中缺失的原因，对学生进行价值引领。中国传统节日是中国传统文化中的精华，鼓励学生通过网络平台宣传中国传统节日，助力中国传统节日走出去，用英语讲好中国传统节日故事，传播中国声音。在此融入中华优秀传统文化中的和合思想、"各美其美""美美与共"的思想，在坚守中国文化的同时，要以开放包容的态度尊重外国文化，为构建人类命运共同体奠定基础。

第三，课后作业。教师为学生布置三项课后作业：（1）以小组为单位，选取一个中国传统节日，用英语进行介绍并录制视频。（2）以"从传统节日看中西文化差异"为题，进行书面写作练习。（3）诵读传统文化经典屈原的咏物诗《九章·橘颂》，学习《橘颂》中从 16 个方面描绘的品格，进行自我品德塑造；阅读华中农业大学萧洪恩老师的博文《内美屈原，橘树品格》，深入理解屈原和橘树品格。

（二）优化教材内容

教材是课程的核心，是教学的重要依据，是学生学习知识的重要工具，也是融入中华优秀传统文化的重要载体。《普通高等学校教材管理办法》指出，高校教材必须体现党和国家意志，坚持马克思主义的指导地位，体现马克思主义中国化的要求，体现中国和中华民族风格，体现党和国家对教育的基本要求，体现国家和民族基本价值观，体现人类文化知识积累和创新成果，充分体现社会主义核心价值观，加强爱国主义、集体主义、社会主义教育，引导学生坚定道路自信、理论自信、制度自信、文化自信，成为可以担当中华民族复兴大任的时代新人。因此，要在教材内容中增加中华优秀传统文化的内容和比重。

首先，加入社会主义核心价值观，增强爱党、爱国、爱中华民族的意识，加入政治认同、价值引领和家国情怀。

其次，加入中华优秀传统文化中"天人合一""讲仁爱、重民本、守诚信、崇正义、尚和合、求大同""修身养性""为人之道"的思想理念，加入中华民族时代传承的礼仪文化、服饰文化、饮食文化、民俗文化等行为方式和行为模式的相关内容，加入新时代中国特色社会主义建设所取得的经济成就和根本性变革的故事。具体的文化内容包括历史故事、哲学思想、经典名著、节日习俗、武术、建筑、中医、饮食、礼仪、服饰、茶道等，这些都有利于丰富学生的文化知识，增强文化自信和民族自豪感。

再次，加入道德修养和人格教育内容。培养学生"意念真诚、乐善好施、心地正直、品行端正、严以律己、节制物欲、自强不息、崇尚正义"等道德品质，引导学生理解商务规范，培养职业精神、责任感和职业品德。

最后，教师要提高中华优秀传统文化素养，不断提高教学活动设计能力和育人能力，要做好文化教育资源的拓展与丰富，挖掘教材中的中华优秀传统文化元素，补充和丰富教学素材。文化元素要有机融入商务英语教学，不能使文化知识与教学内容脱节或呈现"两张皮"，否则容易导致教学活动不成体系，无法达到既定的教学效果，还会影响学生的学习兴趣和积极性。

总之，将中华优秀传统文化融入商务英语教学，要力求做到"融盐于水""润物细无声"。

（三）角色扮演练习

角色扮演教学法是指在特定的时间和场景里，学生作为演员扮演不同的角色，根据剧本来实验性、游戏性地演出角色的语言、思考方式和行为。在商务英语课堂上，教师可以选取和设计学生今后在商务场合中可能会遇到的活动情景，然后学生模拟各种商务活动中的角色，通过表演来体验商务工作中不同工作岗位的工作职责。角色扮演能为学生提供"商务经验"，在表演过程中可以强化对词汇和句型的练习，不管是表演前的彩排阶段还是课堂上的正式表演，都能有效地提升学生的口语表达能力。在角色扮演过程中，各个角色之间需要分配任务与沟通合作，处理好小组内成员的人际关系，小组成员要从所扮演角色的职责出发，分析场景中呈现的问题，反复比较和考虑，最终达成集体目标，这个过程可以锻炼学生的团队合作能力与沟通技能。角色扮演还可以培养学生的自主学习能力，提高教学活动的效率。教师可以根据单元教学内容和教学目标，设置不同的课堂教学任务，在学习小组中设置角色，创造沟通情境，测试学习结果，建立"文化传播者"的沟通感和认同感，以提高学生的沟通技巧。William Littlewood（威廉·李特尔伍德）将角色扮演教学分为五种：表演背诵对话、符合实际的演习、提示性对话、角色扮演和即兴表演，这五种类型的角色扮演的自由和受控制的程度，如图5-3-2所示[①]。

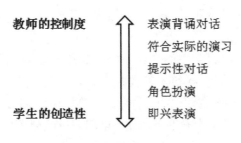

图 5-3-2 角色分类表

角色扮演练习具体的实施步骤可以遵循 Fannier Shaftel（法尼耶·谢夫特）和 George Shaftel（乔治·谢夫特）提出的九个步骤：小组预备活动、挑选扮演者、布置场景、组织观众、表演、讨论和评价表演、重新表演、讨论和评价表演、总结[②]。角色扮演教学法具有灵活性、趣味性、直观性、具体性、创造性等特点，能够调动学生学习的积极性和热情，通过表演可以获得商务知识和技能，还能进行语言的练习，提高口语表达的流畅度和语言交际能力。教师在"国际商务英语谈判""商务英语视听说""商务口语""跨文化商务沟通"等课程中，都可以使用角色扮演的教学法。

（四）案例分析法

案例分析法又称个案研究法，由哈佛商学院首创并用于培养高级经理和管理精英的教学实践。案例分析法被认为是商务英语课堂上有效可行且具有创新性和价值意义的教学方式，目前已经被广泛应用于商务英语课堂中。案例分析法是一种针对案例进行分析的探究式的教学法，教师提供真实商务场景中存在的问题，并对该问题当事人所面临的挑战做充分描述，学生要熟悉案例背景和细节，思考并分析具体情况，通过讨论给出可行性方案，发挥他们的交际能力和决策能力，给出最终解决问

① 威廉·利特尔伍德；李力导读.交际语言教学论［M］.北京：外语教学与研究出版社，2000：25.

② 布鲁斯·乔伊斯，玛莎·韦尔，艾米莉·卡尔霍恩.教学模式 第9版［M］.上海：华东师范大学出版社，2021：10.

题的办法。在案例分析过程中，是以学生为中心，教师作为语言顾问和管理者，对学生的讨论给予指导和协调。

教师在将中华优秀传统文化融入课堂教学时，可以选取国际商务活动中或中华优秀传统文化中具体真实的、有价值的、典型的事件或人物等作为案例，教师不会给出标准的答案，而是通过引导学生积极参与分析，进行开放式的讨论，使其在中西方文化比较中形成辩证思考、批评判断的能力。案例分析法可以充分展现中华优秀传统文化的特质与本真，具有真实性、生动性、启发性、创造性的特点。案例分析法能将理论和实践紧密结合，但是对教师和学生都提出较高的要求。就教师面临的挑战而言，主要是进行角色的转变，由传统课堂的主讲者和控制者，转变为课堂的组织者和咨询顾问，要能引导学生发现案例中的问题，当学生讨论"冷场"时，能启发学生思考并最终提出解决方案，培养学生的决策能力和灵活处理问题的能力，以期在今后的工作中遇到类似的问题时，能游刃有余地解决，因此教师要提高案例分析的教学素养和教学技能。学生面临的挑战是，学生习惯了课堂上被动地接收知识，习惯了老师给标准答案，分析问题的能力和解决问题的能力相对欠缺，部分学生的性格较为沉静内敛，羞于表达自己的观点，教师需要引导学生转变观念，更为重要的是，教师需要充分的备课，尤其是案例的选择和背景知识的选择，另外，辅助学生时从多角度提问或提示，不断激发学生的学习热情。

（五）文化专题讲座

文化专题讲座是一种通过聘请国内外知名文化研究方面的专家、学者、非遗文化传承人等，围绕中华优秀传统文化内容，以专题的形式，为学生作讲座的教学活动形式。文化专题讲座的时间可灵活安排在晚自习或者周末的时间，面向更多的学生，集中传授中华优秀传统文化知识，或者进行中西方文化知识对比分析，以培养学生们的跨文化意识。文化专题讲座的优势是受益面更广、文化信息量更大，可以对课堂教学进行有效的补充和延伸。

需要注意的是，文化专题讲座要以感受中华优秀传统文化的魅力、传承和弘扬先进文化为目标，以中华优秀传统文化内涵及其当代价值为主要内容，讲述人和大学生之间可以通过问答等形式互动、自由交流，帮助学生形成正确的科学精神和人文精神，增强大学生的文化主体意识和文化创新意识，坚定他们为实现中华民族伟大复兴的中国梦不懈奋斗的理想信念。

（六）文化展示法

文化展示法是一种运用图片、幻灯片、投影、多媒体网络等媒体，展现中华优秀传统文化内容，使大学生获得感性认知的教学方法。文化展示法具有信息量大、直观生动、易激发积极思维的特点，教师在运用文化展示法开展教学时，形式要符合主客观实际，讲解词要准确、优美。

例如，通过多媒体欣赏中国书法、国画、刺绣、戏曲、建筑、园林等。教师应积极引导学生分析、比较、概括中国艺术的特点，以及理解中国艺术中反映出的中国传统文化中"天人合一""人与自然和谐统一"等哲学思想。在全球化的今天，商务英语专业学生要在深刻理解和掌握中华优秀传统文化的基础上，自觉承担传承、创新、传播中华优秀传统文化的重大使命。在多元文化交织交融中，用英语推动中华优秀传统文化"走出去"。

（七）讨论法

讨论法是一种在教师的指导下，学生以小组、班级或社团为单位，围绕中华优秀传统文化的内容，通过"学与思""学与辩"相结合的方式，以讨论、辩论、代表发言等形式培养大学生独立思考和创新思维能力的教学方法。讨论法具有针对性强的特点，有利于培养学生相互交流、合作和敢于质疑、争论的精神。运用讨论法要注意论题的代表性，要符合学生的认知发展的实际，引导学生最终得出较客观、全面的答案。

例如，在教授《综合商务英语（4）》第三单元"国际社会中的国家利益"（National Interest in a World Community）时，教师可以以"爱国主义是民族中心主义吗？"为题组织学生分组进行讨论，让学生通过定义和区分的方式，深刻理解二者的差异。爱国主义是个人和团体对祖国及民族和文化的归属感、认同感、尊严感和荣誉感，把维护和发展国家根本利益放在首位；民族中心主义是以本民族利益为中心，并以此来观察和看待世界，理性的民族主义可能会导致爱国行为，但是非理性的民族中心主义虽然对本民族文化感到自豪，但不能客观看待和理解其他民族的文化，容易导致民族冲突和矛盾。教师要引导学生明白爱国主义是中华民族精神的核心，要热爱自己的国家、热爱祖国的大好河山、热爱自己的骨肉同胞、热爱中华优秀传统文化，在参与国际商务交往活动时，要坚决维护国家利益。

（八）讲读法

讲读法是一种师生采用口语表达、讲述、讲解、研读和讲演等方式系统地学习中华优秀传统文化知识、培养中华优秀品质的教学方法，这也是目前高校教师最常用的教学方法之一。讲读法可以完整、系统地呈现中华优秀传统文化的深度和丰富内容，有利于准确把握中华文明的发展脉络与精髓。运用讲读法要注意内容选择的科学性、深奥哲理的形象化、枯燥知识的趣味化，要深刻理解文化内容。

例如，教师可以利用学生的早晚自习，对《论语》《道德经》《庄子》《孟子》等经典著作进行研读，通过讲为人之道、讲中华人文精神，可以使学生摆脱思想浮躁的毛病，不断思考生命的意义，感悟人生的价值；引导学生阅读传统文化经典，养成爱阅读的习惯，提高文学鉴赏水平，增强学生对中华优秀传统文化的认同感。

第四节　中华优秀传统文化融入商务英语教学的典型案例

商务英语专业课教师与学生的面授次数多，进行师生交流、学生同伴交流的机会多，这为教师将中华优秀传统文化融入商务英语教学提供了有利条件。商务英语专业的很多教材蕴藏着大量中华优秀传统文化基因和价值范式，教师可以对其进行提炼，并将其转化为社会主义核心价值观具体化的有效教学载体。教师可以在讲解英语语言知识和商务知识的同时，对学生进行理想、信念、价值观层面的精神指引。下面作者将选取"综合商务英语""跨文化商务沟通""商务英语翻译""商务英语视听说"等课程中的典型案例，阐述如何将中华优秀传统文化融入商务英语课堂教学，实现显性的语言和商务知识、传统文化知识与隐形的德育教育相统一。

一、案例一

（一）课程及章节名称

《综合商务英语》第一册第一单元"穿出成功（Dress for Success）"。

（二）中华优秀传统文化融入点

第一篇课文中希拉里的长裤套装是一种"权利式着装"。第三篇课文主要介绍"中国传统服饰"，将中西方服饰在设计、装饰及文化意义的差异进行对比，有利于学生深入了解中国传统服饰文化。

（三）德育目标

第一，坚定文化自信。中华传统服饰体现了中华民族的审美品格和思想文化，中国传统服饰蕴藏深刻内涵，激发学生对旗袍等传统服饰的设计、工艺及文化的热爱。挖掘中国传统服饰元素，对于现代服装设计和创造新的服装潮流具有现实意义。

第二，服饰在一定程度上有规范人的言行举止、体现传统习俗礼仪文化、划分等级等作用。商务着装要符合身份、扬长避短、区分场合，在不同的场合穿着不同的服装，以此来体现自己的职业形象、教养与品位。

第三，提升学生对于保护、传承、传播中国服饰文化的责任感。

（四）教学活动

时文阅读、小组讨论、案例分析、课堂汇报。

（五）教学设计

第一，课前进行线上预习。教师选取有关商务着装规范的教学视频、简介，汉服和旗袍的相关视频、图片及文字材料，发布到网络学习平台或者分享到学生的班级群中，并设置讨论话题"商务着装的基本规范是什么""中国服饰文化如何走出去"等，供学生进行课前预习。

第二，线下课堂教学。课堂上，教师通过提问、案例分析、小组讨论、教师总结等方式，对课本知识进行传授。中国服饰的制作程序复杂、工艺精良，这蕴含了中国人民的智慧，因而要保护好、传承好、传播好中国的服饰文化。中国传统服饰多姿多彩、外形典雅、内涵丰富，服饰是礼的载体、是礼制的体现。对学生进行价值引领，不仅在日常生活中和商务场合中要注重着装礼仪，还要"修身"。"修身"是"修身治国平天下"中的"修身"，既要注重外在修养，衣着得体、举止文雅，还要品德良好，提高内在修养，内外兼修，表里如一。

第三，课后线上拓展。课后学生需完成口语任务：用英语描述一件你最心仪的中国传统服饰，并录制视频。课后学生完成小组调研任务：

关注中国举办的国际活动，找出服装等文化元素是如何在活动中呈现的，并讨论这种展示方式是否有助于传播中国文化，最后通过 QQ 群分享等线上方式，提交成果，教师进行批改。

第四，线下课堂汇报。学生通过课堂陈述的方式展示成果，然后同伴进行互评，教师进行点评和总结，引导学生思考，帮助学生培养团队合作的精神、坚定文化自信，培养和提高跨文化沟通能力。

第五，学生对学习行为进行自我评估。教师引导学生认识行为投入，理解行为投入的意义，引导学生按照以下量表（表 5-4-1）进行学习行为投入自我评估。

表 5-4-1　学生课内外学习行为投入评估表

序号	自我评估内容	1	2	3	4	5
1	我会花较长时间进行课前预习					
2	我会在课前查阅有关中国传统服饰文化的资料，认真阅读老师推送的拓展资料					
3	我认真做笔记，记录课堂学习内容的要点					
4	我积极参与课堂学习活动					
5	我认真思考老师和同伴的提问					
6	我积极给同伴提出问题或提出建议					
7	我积极分享学习资料和学习成果					
8	我能按时完成课后作业					
9	我学到了商务着装及中国传统服饰的相关知识，了解了中西方服饰的差异，能欣赏中国传统服饰的魅力					
10	我能用英语介绍中国传统服饰文化					

二、案例二

（一）课程及章节名称

《综合商务英语》第一册第二单元"人如其食（You are What You Eat）"。

（二）中华优秀传统文化融入点

第一篇课文《饭的隐喻》（Meal as Metaphor）里讲到食物的阴和阳，融入了中国文化中的阴阳学说，阐释了中国传统饮食背后的文化内涵。

（三）德育目标

第一，饮食关乎我们对自身生存环境的深层情感与设想，食物具有象征意义并与文化息息相关，饮食传递了微妙的社会信息差异；中国烹饪是技术、是艺术、是文化、是中华人民辛勤劳动的成果和智慧的结晶。

第二，通过中西方饮食习惯的差异对比，分析中西方文化的差异及产生原因。

（四）教学活动

视频观看、小组合作、课堂汇报、同伴互评。

（五）教学设计

第一，课前进行线上预习。教师选取《舌尖上的中国》的视频及文字材料，发布到网络学习平台或者分享到学生的班级群，并展示烹饪方式的各种图片，供学生进行课前预习，帮助学生熟悉饮食菜肴中常用的表达法。引导学生关注"外研社 Unipus""China Daily""TED 英语演说优选"等微信公众号，并及时给学生推送与单元主题相关的丰富学习材料。

第二，线下课堂教学。课堂上，教师通过提问、案例分析、小组讨论、教师总结等方式，对课本知识进行传授。在讲到北美人和欧洲人的食物隐喻时，补充中国文化里的饮食表达法，如拥有"铁饭碗"、他是个"饭桶"、这个很"吃香"、他是第一个"吃螃蟹"的人、学习不能"浅尝辄止"、需要"吃透精神"等。这些表达法通过形象思维，隐射了饮食重要的文化内涵。而在西方文化里，食物被认为是抵御疾病、维持生命、保障健康的必要手段，也有一些与食物相关词汇的文化隐喻，但整体不如中文丰富。例如，"hot potato"（热土豆：指棘手的问题），"small potatoes（小土豆：指小人物、微不足道的人或东西）"，"big potatoes"（大土豆：指大人物），"as easy as pie"（和派一样容易：指极容易），"make one's bread"（做面包：指赚钱糊口）。通过中西方食物隐喻的对比，让学生明白饮食承载着重要的社会功能和文化内涵。

虽然中西方饮食文化有差异，但要充分理解与尊重异国饮食文化。

第三，课后线上拓展。课后学生进行口语练习，用英语介绍家乡的特色菜肴，并录制视频，上传到自媒体平台，将视频分享给同学和老师。

第四，线下课堂汇报。选取典型的学生视频，同伴进行互评，教师进行点评和总结，引导学生思考，帮助学生培养团队合作的精神、坚定文化自信，培养和提高跨文化沟通能力。

第五，学生对学习行为进行自我评估。教师引导学生认识行为投入，理解行为投入的意义，引导学生按照以下量表（表5-4-2）进行学习行为投入自我评估。

表 5-4-2　学生课内外学习行为投入评估表

序号	自我评估内容	1	2	3	4	5
1	我会花较长时间进行课前预习					
2	我会在课前查阅有关中国饮食文化的资料，观看相关视频，认真阅读老师推送的拓展资料					
3	我认真做笔记，记录课堂学习内容的要点					
4	我积极参与课堂学习活动					
5	我认真思考老师和同伴的提问					
6	我积极给同伴提出问题或提出建议					
7	我积极分享学习资料和学习成果					
8	我能按时完成课后作业					
9	我学到了中国饮食文化的相关知识，了解了中西方饮食文化的差异，培养了尊重异国饮食文化的意识					
10	我能用英语传递中国传统饮食健康文化					

三、案例三

（一）课程及章节名称

《综合商务英语》第三册第一单元"丧钟为谁而鸣？（For Whom the Bell Tolls）"。

（二）中华优秀传统文化融入点

第一篇课文《后天》里讲到了"人口增长、土地退化和废物堆积、水污染和供水问题、气候变化、能源的生产与使用及生物多样性的破坏"等环境破坏问题，为了解决这些问题，我们需要马克思主义生态观，需要"人与自然和谐共生"的生活方式，需要中华优秀传统文化里"天人合一"的思想。

（三）德育目标

第一，学习中国传统文化中"天人合一""人与自然和谐共处"的理念。

第二，了解浙江安吉"生态立县""美丽生态与魅力经济共生"的乡村振兴故事，安吉作为"绿水青山就是金山银山"理论的发源地和实践学习示范地，真正实现了"生态美、经济美、产业美"，让学生认识到"绿水青山就是金山银山"的理念和中国智慧为全球生态治理提供的中国方案。

（四）教学活动

视频观看、小组合作、课堂汇报、同伴互评。

（五）教学设计

第一，课前进行线上预习。教师选取学习强国 App 上浙江湖州安吉的宣传视频"静静地感受绿水青山就是金山银山"，及中央广播电视总台 CGTN《新时代进行时》录制的浙江湖州安吉县鲁家村视频，将其发布到网络学习平台或者分享到学生的班级群，供学生进行课前预习。

第二，线下课堂教学。课堂上，教师通过提问、案例分析、小组讨论、教师总结等方式，对课文进行讲解，并对视频材料进行讲解，在对比分析以上两个视频的基础上，通过浙江湖州安吉发展绿色经济，践行绿水青山就是金山银山理念，让乡村可持续发展的故事，融入中国传统文化中"天人合一"的思想、"人与自然和谐共处"的理念，讨论、分享日常生活中的环保实践，引导学生发挥人作为实践主体的能动性，开展用英语讨论绿色低碳生活的课堂活动，比如分享自己的环保行动，鼓励学生积极行动起来，将生态理念内化为自觉行动，从身边的小事做起，为建设"美丽中国"贡献自己的力量。

第三，课后线上拓展。课后学生进行口语练习，用英语介绍浙江湖州安吉"美丽生态与魅力经济共生"的乡村振兴故事，并录制视频，上传到网络媒体平台，将视频分享给同学和老师。

第四，线下课堂汇报。选取典型的学生视频，同伴进行互评，教师进行点评和总结，引导学生思考，帮助学生培养团队合作的精神、坚定文化自信，培养和提高跨文化沟通能力。

第五，学生对学习行为进行自我评估。教师引导学生认识行为投入，理解行为投入的意义，引导学生按照以下量表（表5-4-3）进行学习行为投入自我评估。

表5-4-3　学生课内外学习行为投入评估表

序号	自我评估内容	1	2	3	4	5
1	我会花较长时间进行课前预习					
2	我会在课前查阅有关环境破坏和环境保护的资料，观看相关视频，认真阅读老师推送的拓展资料					
3	我认真做笔记，记录课堂学习内容的要点					
4	我积极参与课堂学习活动					
5	我认真思考老师和同伴的提问					
6	我积极给同伴提出问题或提出建议					
7	我积极分享学习资料和学习成果					
8	我能按时完成课后作业					
9	我学到了"天人合一""人与自然和谐共处"的思想，了解到了"绿水青山就是金山银山"这一科学论断及其背后的故事					
10	我能用英语讲述浙江湖州安吉"美丽生态与魅力经济共生"的乡村振兴故事					

四、案例四

（一）课程及章节名称

《跨文化商务沟通》第五单元"非语言沟通——时间语言"。

（二）中华优秀传统文化融入点

作为非言语交际的一个重要方面，时间具有客观性和感知性，时间语言具有独特的交际功能，是影响跨文化交际的重要因素。在学习霍尔的"单向计时文化"和"多向计时文化"理论时，融入中国传统文化里道教对时间的观念，分析中西方民族由于地理、历史、社会环境和思维方式不同，而形成的不同时间去向。

（三）德育目标

第一，提高对不同文化的宽容度和跨文化的敏感度。理解时间文化与沟通行为之间的关系，自主地进行中西方文化对比；识别跨文化现象，在沟通实践中提高跨文化敏感度；从文化和思维的高度促进语言学习，提升跨文化交际能力。

第二，激发学生对中华优秀传统文化学习的兴趣；提高学生的中国文化自信和人文精神，增强跨文化情感与意识。

（四）教学活动

视频观看、案例分析、课堂汇报、同伴互评。

（五）教学设计

第一，课前进行线上预习。教师选取商务会议、商务就餐等商务活动中，中西方不同文化背景的人有的提前到达、有的准时到达、有的迟到的视频，发布到网络学习平台或者分享到学生的班级群中，供学生进行课前预习，发布讨论话题"中国人不如西方人守时吗？""为什么中西方文化成员在对待时间上会有差异？""这种差异的根源是什么呢？"。

第二，线下课堂教学。选取中西方时间文化为主题，以三个主要问题为主线，由浅入深，采用定义法、对比法、分类法、举例法和归纳法等方式讲解时间文化内涵，着重对比分析单向计时文化和多向计时文化的差异性，以及通过分析在不同文化成员的交际活动中的不同表现，引导学生自主发现问题，分析和解决问题。具体步骤为：第一步，引入问题。课堂上，教师进行情景导入，提出问题："为什么来自东方文化的成员和来自西方文化的成员在对待时间上会有差异？这种差异的根源是什么呢？"教师组织学生分组讨论。第二步，引出概念。教师在学生讨论完后进行总结，引出时间文化的相关概念，随后讲解霍尔的"单向计时文化"

和"多向计时文化"理论。第三步,案例分析。通过案例分析,分析中西方时间文化的相似性和差异性;讲解英文单词"time"的词源和道教文化中的时间观,利用太极图阐明道教中"一生二,二生三,三生万物"的观点,宇宙无限大,时间永恒。通过中西方对比分析,得出结论:中西方文化中时间都是具有永恒性的。通过举例对比分析,归纳单向计时文化和多向计时文化各自的特点,此部分可以融入汉语中典型的时间表达,如"日上三竿""掌灯时分""一日为师,终身为父""观今宜鉴古,无古不成今"等,分析中国人时间观念背后的中国价值观。第四步,解决问题。提出解决跨文化交际中文化差异障碍的举措,利用"识别"—"尊重"—"调和"三步法来提高沟通效率,此部分中融入了中华传统中"和而不同""美美与共""求同存异"等思想。

第三,课后线上拓展。课后学生进行延伸阅读和口语练习,用英语介绍中国人的时间观念,并录制视频,上传到网络媒体平台,将视频分享给同学和老师。

第四,线下完成课后作业。课后完成三项练习:(1)知识点巩固(以表格的形式,归纳总结"单向计时文化"和"多向计时文化"各自的特点);(2)案例分析并进行角色扮演(选取不同文化背景的人在跨文化交际时因不同的时间观而引发的文化冲突事件,让学生以小组为单位进行角色扮演,并找到解决冲突的办法);(3)主题研究与写作指引(以"跨文化交际中时间观念差异和对策"为主题,进行研究和论文写作)。

第五,学生对学习行为进行自我评估。教师引导学生认识行为投入,理解行为投入的意义,引导学生按照以下量表(表5-4-4)进行学习行为投入自我评估。

表5-4-4　学生课内外学习行为投入评估表

序号	自我评估内容	1	2	3	4	5
1	我会花较长时间进行课前预习					
2	我会在课前查阅有关中西方时间文化的相关资料,观看相关视频,认真阅读老师推送的拓展资料,积极思考老师发布的问题					
3	我认真做笔记,记录课堂学习内容的要点					
4	我积极参与课堂学习活动					
5	我认真思考老师和同伴的提问					

序号	自我评估内容	1	2	3	4	5
6	我积极给同伴提出问题或提出建议					
7	我积极分享学习资料和学习成果					
8	我能按时完成课后作业					
9	我了解了道教中的时空观念，掌握"单向计时文化"和"多向计时文化"的概念，理解并能运用跨文化冲突中的应对措施					
10	我了解了中国时间文化背后的中国价值观，能用英语讲述中国人的时间观念					

五、案例五

（一）课程及章节名称

《综合商务英语》第一册第三单元"《美国来鸿：地铁札记》（Letter from America：Notes from the Underground）"。

（二）中华优秀传统文化融入点

课文详细描述了文章作者在旅美期间乘坐纽约地铁的经历和感受，通过一系列事件和细节的描写，得出结论：纽约地铁被公认为是号称"不睡城"最堵心、最危险、最快速、最经济的交通工具。在课前热身阶段，教师可以导入武汉地铁的相关信息，融入"日新月异"的中华优秀传统文化理念。

（三）德育目标

第一，通过中美地铁的对比，帮助学生了解中国制造，激发学生对中国技术和中国质量的自豪感。

第二，了解武汉地铁，感受城市建设的巨大成就和日新月异的变化，学习武汉城市精神（"敢为人先，追求卓越""武汉每天不一样"），关注和热爱我们生活的城市，植入"幸福生活是奋斗出来的"观念。

第三，引导学生绿色低碳出行，为解决城市交通拥堵出谋划策。

（四）教学活动

视频观看、案例分析、课堂汇报、同伴互评。

（五）教学设计

第一，课前进行线上预习。教师选取武汉地铁简介的视频和图片及纽约地铁简介的视频，线上分享给学生，学生进行课前预习；设置课前预习思考题，学生进行课前讨论和自学。

第二，线下课堂教学。课堂上，教师通过提问、小组讨论、教师总结等方式，分别对美国地铁和武汉地铁的特点进行概况简介，然后对第一篇课文进行讲解：纽约地铁被公认为是最堵心、最危险的交通工具，但同时也是最快速、最经济的交通工具。通过对纽约地铁和武汉地铁进行对比，帮助学生了解中国制造，学习英雄城市武汉"敢为人先，追求卓越"的精神。地铁代表着城市的特色和灵魂，是城市生活的缩影，通过中美地铁的对比，分析中美城市文化的差异。

第三，课后线上拓展。课后学生分组讨论各种出行方式（地铁、公交、私家车、自行车等）的优缺点，研究共享单车的现状、问题及发展对策等。学生制作PPT，通过QQ群分享等线上方式，提交研究结论和成果，教师进行批改。

第四，线下课堂汇报。学生通过课堂陈述的方式展示成果，同伴进行互评，教师进行点评和总结，引导学生绿色出行，这样噪音、污染、交通拥堵和沮丧感都会减少，人与环境会更加健康。

第五，学生对学习行为进行自我评估。教师引导学生认识行为投入，理解行为投入的意义，引导学生按照以下量表（表5-4-5）进行学习行为投入自我评估。

表5-4-5　学生课内外学习行为投入评估表

序号	自我评估内容	1	2	3	4	5
1	我会花较长时间进行课前预习					
2	我会在课前查阅有关纽约地铁和武汉地铁的相关资料，观看相关视频，认真阅读老师推送的拓展资料，积极思考老师发布的问题					
3	我认真做笔记，记录课堂学习内容的要点					
4	我积极参与课堂学习活动					

序号	自我评估内容	1	2	3	4	5
5	我认真思考老师和同伴的提问					
6	我积极给同伴提出问题或提出建议					
7	我积极分享学习资料和学习成果					
8	我能按时完成课后作业					
9	我通过感受城市建设巨大的成就和发展变化，深刻领悟到了"日新月异"的中华优秀传统文化理念，为中国制造和中国创造而自豪					
10	学习英雄城市精神，热爱我们的城市，明白"幸福生活是奋斗出来的"，拒绝"躺平摆烂"；自觉践行绿色出行，选择低碳生活方式					

六、案例六

（一）课程及章节名称

《商务英语翻译》第五单元"减词翻译法"。

（二）中华优秀传统文化融入点

本单元主要学习的翻译技巧为减词翻译法，主要分为：结构性省译和精炼压缩。英译汉中的结构性省译是由于英汉两种语言在句子结构上的差异而造成的，常省略的词类有代词、介词、连词、冠词、系动词、先行词等，在讲代词省译技巧的时候，可以融入中华优秀传统文化中"讲仁爱、重民本、舍小我的家国情怀、集体主义"等理念。

（三）德育目标

第一，通过英汉两种语言的差异对比，了解中西方文化在思维方式上的差异：理性思维与悟性思维、形合思维和意合思维等，体会汉语的语言魅力。

第二，通过中西方对疫情新闻报道的翻译材料进行对比，引导学生了解中华优秀传统文化中"讲仁爱、重民本、舍小我的家国情怀、集体主义"等理念，激励学生学习伟大的抗疫精神：生命至上、举国同心、舍生忘死、尊重科学、命运与共。

第三，深刻感受我国在抗疫中展现出的对人民生命财产安全的高度责任感、使命感，科学认识社会主义制度的优越性，引导学生培养克服困难、不畏艰险、认真学习和报效祖国的正确价值观。

（四）教学活动

视频观看、英汉语言对比分析、分组讨论、译文赏析、同伴互评。

（五）教学设计

第一，课前进行线上预习。教师筛选译例，选取新型冠状病毒肺炎疫情暴发以来中西方对疫情报道的新闻，将相关新闻的节选和视频资料发布到网络学习平台，供学生进行课前预习。设置课前预习思考题，学生，们进行课前讨论和自学。

第二，线下课堂教学。通过例文和视频导入，引导学生对课前预习中的文本和视频进行讨论，找出中西方对疫情报道中使用的代词的区别，进行中英对比研究。在学生分组讨论之后，教师进行总结：中英文语篇中代词的使用有差异。我国在抗疫报道中，句子主语多以"China"或者代词"We"为主；而西方相关报道中，句子主语多以人名，或者代词"He/She/I/It"等为主，而且英语中使用代词的频率要远远高于汉语。所以，在英译汉中，泛指的人称代词往往省略不译，作宾语的代词在很多情况下也可以省去不译。英语中多使用物主代词，在英译汉时，也大多省略不译，"It"这个代词在作非人称用和强调时往往也可以省略不译。随后，教师引导学生通过例句欣赏汉语的语言魅力，并进行价值引导：抗疫新闻报道的翻译材料体现了中华优秀传统文化中"讲仁爱、重民本、舍小我的家国情怀、集体主义"等理念。在翻译材料中，一线抗疫医护工作者及科研人员在严峻的疫情面前，奋勇向前、坚守岗位、舍小我的家国情怀和集体主义精神值得我们学习。对比思考中西方世界在对待疫情态度上的天壤之别，理解中国特色社会主义制度的优越性。

第三，课后线上拓展。课后学生进行翻译和口语练习，用英语介绍钟南山、张伯礼等科学家和抗疫英雄的先进事迹和中国的抗疫精神，或者结合自己在疫情期间的志愿者活动，用英语讲述"我抗疫、我健康、我奉献"的故事，或者用英文讲述"如何做好疫情期间的个人防护措施"的知识，并录制视频，上传到自媒体平台，将视频分享给同学和老师。

第四，线下课堂汇报。学生通过课堂陈述的方式展示成果，同伴进行互评，教师进行点评和总结，通过讨论、反馈、评价和总结，提高学生用英语讲述"抗疫英雄""抗疫精神"故事的能力。教师引导学生学习抗疫相关文件，集中学习我党带领人民团结一致、与新冠疫情勇作斗争的光荣事迹。

第五，学生对学习行为进行自我评估。教师引导学生认识行为投入，理解行为投入的意义，引导学生按照以下量表（表5-4-6）进行学习行为投入自我评估。

表5-4-6　学生课内外学习行为投入评估表

序号	自我评估内容	1	2	3	4	5
1	我会花较长时间进行课前预习					
2	我会在课前查阅中西方对疫情报道的相关资料，观看相关视频，认真阅读老师推送的拓展资料，积极思考老师发布的问题					
3	我认真做笔记，记录课堂学习内容要点					
4	我积极参与课堂学习活动					
5	我认真思考老师和同伴的提问					
6	我积极给同伴提出问题或提出建议					
7	我积极分享学习资料和学习成果					
8	我能按时完成课后作业					
9	我能理解英语和汉语在代词等语言使用及思维方式上的差异，能体会汉语的语言魅力					
10	我学到了中华优秀传统文化中"讲仁爱、重民本、舍小我的家国情怀、集体主义"等理念；受到抗疫精神的鼓舞，能自觉遵守防疫政策，乐于奉献，能用英语讲述中国抗疫故事					

七、案例七

（一）课程及章节名称

《商务英语翻译》第一单元"商务英语与商务英语翻译"。

（二）中华优秀传统文化融入点

本单元主要学习商务英语的语言特点，以及商务英语翻译的标准和译者应具备的素养，在其中融入英语和汉语两种语言的差异及差异背后的哲学思维，中国传统思维方式是悟性主义的，而西方哲学思维方式是理性主义的，并强调在不断提高英语语言能力的同时，不能忽视对汉语和中华优秀传统文化的学习，拥有良好的英汉双语语言能力是做好商务英语翻译的基础。

（三）德育目标

通过英汉两种语言的差异对比，了解中西方文化在哲学思维上的差异，中国传统哲学思维注重悟性，而西方哲学思维注重理性，引导学生重视母语及中华优秀传统文化的学习。

（四）教学活动

英汉语言对比分析、分组讨论、译文赏析、同伴互评。

（五）教学设计

第一，课前进行线上预习。选取《中国日报》（China Daily）财经类新闻中的典型例句，设计英汉互译练习，将翻译练习发布到网络学习平台。通过练习，引导学生分析英汉两种语言的差异，讨论商务英语新闻中英译汉的翻译策略。

第二，线下课堂教学。引导学生进行讨论，总结归纳英汉语法的差异。例如，英语是综合性语言，中文是分析性语言；英语注重形式，中文注重意思；英语多用被动式，中文多用主动式；英语修饰性词汇可以前置也可以后置，中文只可前置等。因此，在翻译时要采用适当的翻译技巧。

第三，教师归纳总结。英汉语言在表征层面存在语际差异，反映了英汉两民族在哲学思维层面上的差异。中国传统思维里，思维主体能直觉洞察和领悟客体的内蕴，主体与客体浑然一体，实现"天人合一"。例如，儒家的"外悟说"、道家和佛教禅宗的"内悟说"、儒家思想的"格致之学"强调要从外界和前人已有的经验中去领悟事物的本质，学习要通过领悟达到"温故而知新"；道家思想主张通过内心省悟探求外界事物的真谛，抽象的"道"是万物之根本；佛教主张"心净自悟，顿悟成佛"①②。而西方哲学推崇理性主义，主体从现象中去认识和把握客体的本质，将主体和客体分离和对立起来，教师应引导学生欣赏汉语"形散而神聚"的空间特点，从而能够在两种语言中自由转换，用地道的英语传递中国的思想和智慧。

第四，线下课堂汇报。教师选取《中国日报》（China Daily）财经类新闻中的典型英文例句，学生进行英译汉的句子练习，然后学生对译文进行同伴互评，教师进行点评和总结。

第五，学生对学习行为进行自我评估。教师引导学生认识行为投入，理解行为投入的意义，引导学生按照以下的量表（表5-4-7）进行学习行为投入自我评估。

表5-4-7　学生课内外学习行为投入评估表

序号	自我评估内容	1	2	3	4	5
1	我会花较长时间进行课前预习					
2	我会在课前关注《中国日报》（China Daily）财经版的新闻，观看相关视频，认真阅读老师推送的拓展资料，积极思考老师发布的问题					
3	我认真做笔记，记录课堂学习内容的要点					
4	我积极参与课堂学习活动					
5	我认真思考老师和同伴的提问					
6	我积极给同伴提出问题或提出建议					
7	我积极分享学习资料和学习成果					
8	我能按时完成课后作业					
9	我能理解英语和汉语两种语言的差异及思维方式上的差异，能体会汉语"形散而神聚"的语言特点					

---

① 冯凭.理性与悟性：中西认知模式的比较［J］.社会科学研究，1986（2）：48-53.

② 侯才.论悟性：对中国传统哲学思维方式和特质的一种审视［J］.哲学研究，2003（1）：27-31.

续表

序号	自我评估内容	1	2	3	4	5
10	我了解了中国传统文化中儒家、道家和佛教中的悟性哲学，并能用英语讲述中国传统文化中的悟性哲学及"天人合一"的思想					

八、案例八

（一）课程及章节名称

《商务英语视听说》第五单元"商务旅行与拜访（Travel and Visit）"。

（二）中华优秀传统文化融入点

本单元的话题为职场中的商务拜访礼仪，通过视频观看、听力练习和口语对话，让学生在学习和计划商务旅行、约见客户、接待客户、安排住宿、餐馆就餐等活动中，在掌握有效的听力策略的同时，了解中西方礼仪文化的差异，提醒学生良好的个人形象需要内外兼修，不仅要着装得体、举止文明，更需要不断地提升个人文化修养、人格修养和思想境界，"腹有诗书"才能"气质华"，"静心养德"才能"有魅力"。

（三）德育目标

第一，引导学生认识礼仪的重要性。中国是礼仪之邦，传统礼仪文化贯穿于中华文明的始终。重视礼仪，有助于建立良好的人际沟通和维护良好的个人和企业形象，"不学礼，无以立"。

第二，要学以致用，知行合一。学习商务礼仪的3A原则：接受（Accept）对方、重视（Attention）对方、赞美（Admire）对方，并将此原则应用到日常生活中，这样有助于与老师同学融洽相处，也有利于提升个人形象。

第三，通过中国礼仪与国外礼仪对比研究，找出不同之处，以便在跨文化交际中，减少误解，展示良好的礼仪，维护企业形象，推动商务活动的顺利进行。

（四）教学活动

视频观看、分组讨论、角色扮演、同伴互评。

（五）教学设计

第一，角色扮演小组预备活动。教师筛选视听素材，将有关商务接待中"迎来送往"的视频和音频材料发布到网络学习平台或者学生的班级群，提出以下问题供学生思考，如"如何制订商务旅行计划？""如何选择酒店？""商务接待的程序是什么样的？""中西方在商务'迎来送往'上的差异体现在哪些方面？"等。将学生分成若干小组，以小组为单位进行商务"迎来送往"的角色扮演预备活动。学生需要熟悉视频材料，通过听力材料掌握用于产出任务的单词、句型和常用表达法，小组内挑选扮演者，分配好角色（外宾、中方接待人员、陪同翻译人员、酒店前台工作人员、餐厅服务人员等），课前进行彩排，熟悉语言表达和程序安排，并准备好相关表演道具。

第二，课堂上进行角色扮演。利用课前时间布置场景（可分为机场接机、酒店入住、餐厅点餐等），教师挑选表演小组，组织观众，然后在小组的角色扮演表演完成后，组织学生讨论，并对表演进行评价，最后教师归纳总结在商务旅行、约见客户、接待客户、安排住宿、餐馆就餐等活动中的要点和礼仪规范；在讲解听力策略的同时，重点讲解商务礼仪的 3A 原则和商务接待中常用的英语表达法，并进行中西方礼仪文化的差异归纳。例如，在机场接机时，中西方打招呼的方式不同，见面后寒暄，询问年龄、家庭情况等在中国人看来很正常的事情，但在西方人看来是不礼貌的行为，因为年龄、家庭情况等都属于个人隐私。另外，在不同的文化里，乘车礼仪、送礼礼仪、位次礼仪、餐饮礼仪、告别方式等也有差异。

第三，学生课后分小组重新表演，并录制视频，提交到网络平台，再次进行小组间的互评和教师点评，评选出最佳表演小组。教师可以指出每个小组角色扮演中的优缺点，帮助学生培养思辨能力和鉴赏能力，并引导学生深入思考，遵循商务礼仪，既要着装得体、举止文明，又要提升个人文化修养、人格修养、精神气质和思想境界，在日常生活中，要接受对方、重视对方、赞美对方，才能拥有良好的人际关系。

第四，课后线上拓展。教师设计听、说的拓展巩固练习，并发布到网络学习平台，学生需要听一段商务接待的音频材料，然后进行口头复述并用手机录音或者录制视频，提交到网络平台。学生对同伴的录音或视频进行点评和网络投票，选出心目中最优秀的作业。

第五，学生对学习行为进行自我评估。教师引导学生认识行为投入，理解行为投入的意义，引导学生按照以下量表（表 5-4-8）进行学习行为投入自我评估。

表 5-4-8　学生课内外学习行为投入评估表

序号	自我评估内容	1	2	3	4	5
1	我会花较长时间进行课前预习					
2	我会在课前观看和学习相关视频，认真阅读老师推送的拓展资料，积极思考老师发布的问题					
3	我认真做笔记，记录课堂学习内容的要点					
4	我积极参与角色扮演活动					
5	我认真思考老师和同伴的提问					
6	我积极给同伴提出问题或提出建议					
7	我积极分享学习资料和学习成果					
8	我能按时完成课后作业					
9	我能深刻理解礼仪的重要性，了解中西方礼仪文化的差异					
10	我能在日常生活中，自觉遵守商务礼仪的3A原则；在注重外表形象的同时，修炼人格和品行，静心养德，提升思想境界					

九、案例九

（一）课程及章节名称

《跨文化商务沟通》第二单元"文化背景与跨文化商务沟通"。

（二）中华优秀传统文化融入点

本单元的话题为文化因素与跨文化商务沟通，从地理环境对民族文化和民族性格形成的作用导入中西方文化背景的差异，引出大陆文明与海洋文明所塑造出不同的民族性格特点。中华民族具有重视家庭、集体主义、爱好稳定和平等民族性格，西方国家具有"探险精神"和"冒险精神"。

（三）德育目标

第一，进行中华优秀传统文化教育和培养文化自信。

第二，理解马克思主义唯物辩证法，经济基础决定上层建筑，地理环境决定经济形态，经济形态决定文化形态。

第三，根据不同的民族性格，在商务谈判等活动中，利用不同文化不同的民族性格采用不同的谈判或者交际策略，推动商务活动的顺利进行。

（四）教学活动

视频观看、分组讨论、角色扮演、同伴互评。

（五）教学设计

第一，课前进行线上预习。选取哔哩哔哩网站中"大美中国"和"英国自然地理纪录片"的视频，发布到网络学习平台。设计教师相关练习，引导学生分析中国和英国的地理环境差异。

第二，线下课堂教学。教师引导学生进行讨论，总结归纳古代中国和欧洲国家的地理环境差异。古代中国的地理环境，即东部紧邻海洋，南部是原始森林，西部是连绵高耸的高山高原，西北是荒漠，北部是辽阔草原。黄河流域土地肥沃，水源充足，适合农耕，所以文明发源于此，因为陆地面积广阔，平原广袤，自然资源丰富，所以华夏子孙自力更生、自给自足，以农业立国，形成了中华民族"勤恳耕作""重视土地""重视稳定""不愿冒险""向内寻求宁静"的民族性格，这种小农经济形态决定了人们的生产生活、行为模式、礼仪规范和社会文化。而古代西方，如古希腊、西班牙、英国等国家，海岸线长，内陆多丘陵和沙漠，土地资源及自然资源缺乏，但是海洋资源丰富，因此人们发展海上贸易，具有"探险精神"和"冒险精神"。

第三，教师归纳总结。地理环境是影响跨文化交际的制约因素之一。一个民族所处的气候条件和地理环境决定了民众的生产生活方式，进而决定了民众的行为模式、礼仪规范和社会文化，这是文化特质的历史缘由。通过归纳世界上相似的地理环境所形成的其他民族文化的相同点，我们发现大陆文化的民族性格是重视家庭、集体主义、爱好稳定和平。因为英国、希腊等西方国家，在地理环境方面具有相似性，所以在自然环境、经济制度和民族特点上形成海洋文化的民族性格,即勇于冒险、个人主义、求变创新等。

第四,线下拓展阅读。课后学生进行拓展阅读,诵读东晋文学家陶渊明的《桃花源记》,通过中国古人对桃花源的安宁和乐、自由平等生活的描绘,理解中华文化中"求大同"的理想。

第五,学生对学习行为进行自我评估。教师引导学生认识行为投入,理解行为投入的意义,引导学生按照以下量表(表5-4-9)进行学习行为投入自我评估。

表5-4-9　学生课内外学习行为投入评估表

序号	自我评估内容	1	2	3	4	5
1	我会花较长时间进行课前预习					
2	我会在课前观看和学习相关视频,认真阅读老师推送的拓展资料,积极思考老师发布的问题					
3	我认真做笔记,记录课堂学习内容的要点					
4	我积极参与角色扮演活动					
5	我认真思考老师和同伴的提问					
6	我积极给同伴提出问题或提出建议					
7	我积极分享学习资料和学习成果					
8	我能按时完成课后作业					
9	我能深刻理解地理环境对跨文化交际的影响和制约,理解马克思主义唯物辩证法,经济基础决定上层建筑,地理环境决定经济形态,经济形态决定文化形态					
10	我了解了地理环境对民族文化和民族性格的影响,大陆文明与海洋文明所塑造出不同的民族性格特点。中华民族具有重视家庭、集体主义、爱好稳定和平等民族性格,西方国家具有"探险精神"和"冒险精神"					

十、案例十

（一）课程及章节名称

《综合商务英语》第三册第三单元"家！甜蜜的家！"（Home! Sweet Home!），第一篇课文"多布斯费里的扎克伯格一家"（The Zuckerbergs of Dobbs Ferry）。

（二）中华优秀传统文化融入点

课文是一篇对马克·扎克伯格（下文简称马克）的父亲，爱德华·扎克伯格（下文简称扎克伯格先生）的访谈，主要围绕怎样培养成功的孩子的话题，记叙了扎克伯格先生和妻子的育儿理念和教育孩子的技巧，在扎克伯格夫妇的教育下，他们的儿子马克最终创办 Facebook（脸书），成为亿万富翁，成功后的马克也竭尽所能回馈父母。通过教师问题引导、总结、和学生讨论引导学生思考：融洽和谐的亲子相处之道到底是什么？正确认识导致中西方父母与孩子相处和教育子女差异的原因，从我国传统文化入手，通过开展课中与课后讨论，让学生认识到中国传统孝道作为中华民族的传统美德在当今社会的重要作用和意义。

（三）德育目标

第一，了解西方社会父母养育子女的基本方式与社会价值观，正确认识不同文化中父母与子女之间的相处之道。

第二，正确认识我国传统文化中蕴含的亲子之道，反思我国子女养育中折射出的传统美德。从传统文化中的礼义廉耻与孝道文化入手，让学生了解为人父母的含辛茹苦，懂得孝顺父母、赡养父母的重要意义。

（四）教学活动

视频观看、分组讨论、角色扮演、同伴互评。

（五）教学设计

第一，课前进行线上预习。选取马克·扎克伯格的视频发布到网络学习平台，设计相关的听力练习，帮助学生了解马克的早年经历、教育经历、家庭情况、职业成就和对待财富的态度等背景信息。

　　第二，线下课堂教学。通过分析课文，组织学生分组讨论扎克伯格先生的育儿理念和教育技巧，如"以身作则""做孩子坚强的后盾，为孩子提供安全感""发现并鼓励孩子的兴趣爱好""让他们知道，你以他们为荣""设定（容忍）界限，并执行它们""确保孩子也玩得开心""平衡工作和生活"等。通过教师提出问题引导、总结、与学生讨论，引导学生思考"融洽和谐的亲子相处之道到底是什么？""中西方父母与孩子相处与教育子女的方式有哪些相同点和不同点？""中西方亲子教育观念差异的背后原因是什么？"在课文中，作者提到马克的母亲凯伦曾经是一名精神科医生，但是为了照顾孩子和家庭选择了辞职，她开始一心照顾孩子，帮助丈夫打理牙科诊所。通过这一细节，我们可以联想到中国古代贤母育儿的故事，如孟母三迁、画荻教子、截发延宾、岳母刺字等故事，思考我国子女养育中折射出的中华优秀传统美德。从传统文化中的礼义廉耻与孝道文化入手，让学生了解为人父母的含辛茹苦，懂得孝顺父母、赡养父母的重要意义。中国传统孝道作为中华民族的传统美德在当今社会仍有的重要作用和意义。

　　第三，课后讨论。学生分组讨论以下话题："融洽和谐的亲子相处之道到底是什么？""如何看待'鸡娃'现象？""职业女性如何平衡家庭与工作？""我眼中的孝道是什么样的？"。学生课后讨论后，形成结论，然后到线下课堂汇报，之后同伴互评，教师进行点评和总结。

　　第四，学生对学习行为进行自我评估。教师引导学生认识行为投入，理解行为投入的意义，引导学生按照以下量表（表 5-4-10）进行学习行为投入自我评估。

表 5-4-10　学生课内外学习行为投入评估表

序号	自我评估内容	1	2	3	4	5
1	我会花较长时间进行课前预习					
2	我会在课前观看和学习相关视频，认真阅读老师推送的拓展资料，积极思考老师发布的问题					
3	我认真做笔记，记录课堂学习内容的要点					
4	我积极参与角色扮演活动					
5	我认真思考老师和同伴的提问					
6	我积极给同伴提出问题或提出建议					

续表

序号	自我评估内容	1	2	3	4	5
7	我积极分享学习资料和学习成果					
8	我能按时完成课后作业					
9	我了解了西方社会父母养育子女的基本方式与社会价值观，能正确认识不同文化中父母与子女之间的相处之道					
10	我了解了传统孝道作为中华民族的传统美德在当今社会的重要作用和意义，能深刻理解父母的含辛茹苦，在现实生活中用实际行动孝顺父母					

第六章 中华优秀传统文化融入商务英语教学的评价体系

评价是教学中不可或缺的环节，评价是督促专业课教师认真履行立德树人和文化育人的重要保障。构建合理而科学的教学评价体系，既可以检验商务英语教学中融入中华优秀传统文化的育人成效，探索文化育人的规律，又能提升商务英语专业的人才培养质量。操作性强而有效的评价体系能够促进教师在商务英语专业课程教学活动中有针对性地融入中华优秀传统文化，有利于落实立德树人的根本任务。通过对教师教学活动各个环节的监督、诊断、评估、反馈和调节，可以提升教师的教学能力，促进人文素养的提高，推进商务英语专业课程思政的实施。目前，针对特定专业课程的课程思政及中华优秀传统文化教育的实施效果评价系统，尤其是针对商务英语专业评价体系的研究较少，建立立体化、系统化的有形评价机制对无形"道德和价值观"的提升效果进行测评，是将中华优秀传统文化融入商务英语教学的难点。

基于此，本章将利用 CIPP 评价模型和德尔菲法，从评价内容（评什么）、评价主体（谁来评）和评价方式（怎样评）三个方面和四个维度（学、教、课程、课外实践），通过四个评价主体（学生、教师、同行、督导），对学生中华优秀传统文化学习的过程、人文素养的增值程度及预设德育目标的实现程度进行评价，以期为构建合理且操作性强的商务英语课程思政及中华优秀传统文化教育综合评价体系提供参考。

第一节 CIPP 评价模型和德尔菲法

一、CIPP 评价模型

1976 年，Daniel L. Stufflebeam（丹尼尔·L. 斯塔弗尔比姆）提出

CIPP评价模型，CIPP指的是背景评价（Context）、输入评价（Input）、过程评价（Process）和成果评价（Product），这四个阶段可以为课程决策提供反馈信息①。

背景评价是指通过分析教育活动实施方案的背景、各类需求和问题，判断活动目标设定的合理性。"背景评价的主要方法包括：系统分析、调查、文件探讨、听证会、访谈、诊断性测验等。背景评价的主要功能是提供用以调整或建立目标与方针的基础，决定方案实施的场所"②。

输入评价是指在背景评价的基础上，判断、考察和评估实现教育活动目标所需的条件、资源和相对优势，比较几种可能的方案设计的优缺点，判断活动方案的可行性和效用性。"输入评价的主要方法包括：将现有的人力、物力、解决策略及程序设计列出清单，并分析其适切性、有效性及经济性，考察几种有关可供选择的方案的文献等，输入评价的主要功能在于考察各种可能的方案策略，并发展一种适用的计划"③。

过程评价是指对活动实施过程开展的评价，即审视活动过程的运行情况和运行质量。"过程评价的方法包括：追踪活动中可能出现、存在的障碍，并对意料之外的障碍保持警觉；描述方案实施的真实过程；与方案工作人员不断交往并观察他们的活动。过程评价的主要功能在于实施并改善方案的设计及程序，提供一份方案实施的真实过程记录，以便日后用以解释结果"④。

成果评价是指判断教育活动的实施效果，包括衡量、判断和解释活动方案的绩效。"成果评价的主要方法包括：收集与方案有关的各种人员对结果的判断，对结果进行质与量的分析等。成果评价的主要功能在于决定是否继续、中止、修正某项课程变革活动"⑤。

CIPP评价注重对教学活动的全过程进行评价，可以实现对教育全过程实施情况的监控、诊断和反馈，具有全程性、动态性评价的特点。CIPP四个阶段对应的内涵解析见表6-1-1⑥。

① Stufflebeam DL.Shinkfield J.Systematic Evaluation［M］.Boston：Kluwer-Nijhoff，1985：21.

② 李雁冰.课程评价论［M］.上海：上海教育出版社，2002：85.

③ 李雁冰.课程评价论［M］.上海：上海教育出版社，2002：85.

④ 李雁冰.课程评价论［M］.上海：上海教育出版社，2002：85.

⑤ 李雁冰.课程评价论［M］.上海：上海教育出版社，2002：86.

⑥ 李雁冰.课程评价论［M］.上海：上海教育出版社，2002：86.

表 6-1-1　CIPP 评价模型的内涵解析

评价类型	评价目的	评价内容	评价类型	评价功能
背景评价	界定方案的背景、相关主体的需求与满足需求的可能方式	对教育方案目标的合理性作出评价和判断	诊断性评估	为目标的确立提供基础性资料，为计划决策服务
输入评价	确认方案的策略、实施的程序	对所有的备选方案进行判断，选择最佳方案	诊断性评估	考察多种可能的方案策略，选择最为适用的方案
过程评价	调整和改进方案实施的过程，为计划决策提供信息	对方案的实施过程和进度进行持续检查、监督和反馈	形成性评价	实施并调整方案的设计及程序，为结果解释及方案改进提供依据
成果评价	确定方案的达成度，搜集对结果的描述和判断	测量、解释和判断方案是否达成预定目标	终结性评价	决定是否继续、中止、修正该项方案，或进行重点调整

CIPP 评价模型的基本观点是：评价的目的不在于证明，而在于改进。换言之，评价的目的是给学校及教师提供信息和反馈，为了对教学进行调整、修正和完善。这一评价模式强调学生的需求，是一种将过程与结果相统一的、具有系统性和全面性的评估方式，而商务英语教学中融入中华优秀传统文化的效果评价，正是为了满足学生在情感和价值观方面的需求与进步，对学生中华优秀传统文化学习的过程、人文素养的增值程度及预设的德育目标的实现程度进行过程和结果的评价，最终的落脚点在于立德树人，促进学生的发展。因此，CIPP 评价模型与商务英语教学中融入中华优秀传统文化的效果评价具有一定的契合性。

二、德尔菲法

德尔菲法也被称为专家调查法，由美国兰德公司于 1964 年创立。德尔菲法通过匿名形式反复征求专家的意见，通过多次专家意见的交互循环，最终将分散的意见收敛，直至得到协调一致的结果。德尔菲法是一种以众多专家专业知识和经验为基础的群体性决策行为，它的优点是能充分发挥专家的意见，集思广益，在收集、整理和分析专家的意见后对信息能进行及时的反馈和控制，有较高的准确性和科学性。

作者将 CIPP 评价模型与德尔菲法相结合，将 CIPP 模型的四项评价作为一级指标，通过德尔菲法和文献研究法，梳理和初步筛选二级指标和三级指标，搭建评价指标体系，最终从评价内容、评价主体和评价方式三个方面，初步构建了将中华优秀传统文化融入商务英语教学的评价体系。

第二节　中华优秀传统文化融入商务英语教学的评价内容

将中华优秀传统文化融入商务英语专业教学的评价涉及三个方面：评价内容（评什么）、评价主体（谁来评）和评价方式（怎样评）。作者在充分调研的基础上，通过四个评价主体（学生、教师、同行、督导），从四个维度（学、教、课程、课外实践）构建综合评价指标体系，对中华优秀传统文化融入商务英语教学的教学效果进行评价。

一、对"学"的评价

作者选择商务英语课程中典型的中华优秀传统文化元素作为观测点，采取 CIPP 评价模式，对学生的"学"进行评价（可以扩大评价主体，注重教师、学生、同伴甚至其他社会成员等对学习者的学习效果进行评价，从而获得更加客观的评价结果），并秉承着个人品德塑造为先、中国传统文化和英语应用能力为重、商务实践能力和跨文化交际能力并重和全面发展、因材施教的理念，构建了融入中华优秀传统文化教育的商务英语教学中学生的评价指标体系，具体见表 6-2-1。

表 6-2-1 中的评价指标体系含有 4 个一级指标、13 个二级指标、37 个三级指标，其中一级指标分别为"背景评价""输入评价""过程评价"和"成果评价"。

表 6-2-1 对"学"的评价指标

一级指标	二级指标	三级指标
背景评价 （Context）	学校环境	1. 学校发布的政策文件 2. 校园内中华优秀传统文化学习氛围
	情感需求	3. 情感的变化与正确价值观的形成 4. 个人品德的培养 5. 中国文化自信 6. 敬业与合作精神
	能力需求	7. 跨文化沟通能力 8. 用英语讲中国故事的能力
	学生的个体认知	9. 学生对学习中华优秀传统文化重要性的认知
输入评价 （Input）	学习投入	10. 学习动机 11. 自主学习能力 12. 课内外学习时间 13. 课外实践活动时间
	硬件投入	14. 有电脑可获取线上学习平台资源 15. 有可利用的图书馆资源
过程评价 （Process）	课前	16. 课前预习 17. 查找资料 18. 学习态度 19. 学习时长
	课中	20. 课堂活动参与度 21. 小组任务参与度 22. 课堂汇报任务表现
过程评价 （Process）	课后	23. 课后复习 24. 课后实践活动参与度 25. 传统文化经典诵读次数 26. 课后作业完成次数与质量

续表

一级指标	二级指标	三级指标
成果评价（Product）	人文素养提升	27. 能用英语讲中国故事 28. 能欣赏中国优秀传统文化 29. 培养传统文化精神 30. 树立民族自信心和自豪感
	跨文化交际能力的提升	31. 文化差异的感知力 32. 文化差异的理解力和包容力 33. 跨文化思辨能力
	自我评价	34. 自主学习能力 35. 自我学习满意度
	文化创新能力	36. 批判性思维能力 37. 创新能力

背景评价是界定学生学习中华优秀传统文化的环境或背景，背景评价对学校的环境、学生的情感和学生发展能力的需要、学生的认知现状和学习目标的充分程度进行判断和测评，所以"背景评价"包括"学校环境""情感需求""能力需求""学生的个体认知"4个二级指标。学校环境包括学校发布的有关课程思政和中华优秀传统文化的政策文件，以及校园内中华优秀传统文化学习的氛围，所以"学校环境"包括"学校发布的政策文件""校园内中华优秀传统文化学习氛围"2个三级指标。学生对中华优秀传统文化的学习需求包括情感上的需求和对发展能力的需求，具体而言，"情感需求"包括"情感的变化与正确价值观的形成""个人品德的培养""中国文化自信""敬业与合作精神"4个三级指标，"能力需求"包括"跨文化沟通能力""用英语讲中国故事的能力"2个三级指标。背景评价还要判断学生的个体认知现状，以便能够更好地设定学习目标和学习内容，所以"学生的个体认知"包括"学生对学习中华优秀传统文化重要性的认知"1个三级指标。

输入评价是对学生学习的计划、学习目标实现的可能性、学生的能力、预算资金等资源利用情况进行评价和判断。大学生对学习具备一定的自觉性和独立性，对知识的渴望使他们在课堂上对传统文化知识有一定的认识和理解，在课后也愿意积极主动地进行自学。随着信息技术的发展，学生需要借助电脑和手机通过网络来完成学习任务，如制作课件、查询资料、录制视频等，所以"输入评价"包括"学习投入""硬件投入"2

个二级指标。其中，"学习投入"包括"学习动机""自主学习能力""课内外学习时间""课外实践活动时间"4个三级指标，"硬件投入"包括"有电脑可获取线上学习平台资源""有可利用的图书馆资源"2个三级指标。

过程评价是对学生在课内外学习的全过程，并进行不断的监督、检查和反馈，记录学生的学习活动，以便为改进学习提供策略，所以"过程评价"包括"课前""课中""课后"3个二级指标。其中，"课前"包括"课前预习""查找资料""学习态度""学习时长"4个三级指标，"课中"包括"课堂活动参与度""小组任务参与度""课堂汇报任务表现"3个三级指标，"课后"包括"课后复习""课后实践活动参与度""传统文化经典诵读次数"和"课后作业完成次数与质量"4个三级指标。

成果评价是对学习结果进行描述、解释和测量，将学习结果与学习目标、学习投入、学习过程相关联，解释学习效果的价值与意义，并为以后的学习提供改革意见。所以，"成果评价"包括"人文素养提升""跨文化交际能力的提升""自我评价""文化创新能力"4个二级指标。其中，"人文素养提升"包括"能用英语讲中国故事""能欣赏中国优秀传统文化""培养传统文化精神""树立民族自信心和自豪感"4个三级指标，"跨文化交际能力的提升"包括"文化差异的感知力""文化差异的理解力和包容力""跨文化思辨能力"3个三级指标，"自我评价"包括"自主学习能力""自我学习满意度"2个二级指标，"文化创新能力"包括"批判性思维能力""创新能力"2个三级指标。

二、对"教"的评价

采用多元主体的评价模式，如教师自评、学生评教、同行互评、督导评教等方式，可以对教师的课程思政能力和将中华优秀传统文化融入商务英语教学的能力进行全面而系统的评价。对课堂教学的评价指标体系构建，要遵循科学性、合理性、系统性、层次性、可操作性的原则。科学性是指构建的评价指标体系具有现实的客观性与确切性，在一定程度上能够反映出教学的本质规律，在教学全过程的各个环节都应该遵循教育学和统计学等学科的规律，尽可能地反映出商务英语课堂教学的实质要求。合理性是指构建的评价指标体系应符合将中华优秀传统文化融入商务英语教学的客观需要和日常教学实际，应该与教师的课堂教学经验和教学事实相契合，遵循实际而且适当、适度。系统性是指构建的评价指标系统内部有一条隐形的逻辑线索，这条逻辑线索可以将影响商务英语课堂教学的各种主要因素串联起来，按照一定的顺序合理有效地进行安排，使得这些影响课堂教学的因素能够相互衔接，形成一个助力于完成教学目标的统一整体。层次性是指站在不同的视角、按照不同的维度，根据各自的规律，将评价指标划分为不同的层次，因影响课堂教学的因素较多，所以将这些因素进行分层更能展现课堂的内在本质和规律，从不同的视角来对融入了中华优秀传统文化的商务英语课堂教学进行评价。可操作性是指评价指标能够被观察被感知、容易被测量，而且评价指标体系使用起来简单方便，可以帮助使用者在短时间内快速获取所需要的反馈信息。对于课堂教学的评价是直接用于真实的课堂教学情境的，所以较强的操作性能够被学校管理者或者一线教师直接拿来使用，方便快捷地获取课堂的反馈信息，以便更好地改进和完善课堂教学。

作者通过初筛商务英语课堂上最需要关注的，以及对课堂教学效果有重要决定作用的要素，构建了融入中华优秀传统文化教育的商务英语教学效果的评价指标体系，具体见表6-2-2。

表6-2-2 对"教"的评价指标

一级指标	二级指标	三级指标
背景评价（Context）	政策环境	1. 学校鼓励和支持教师将中华优秀传统文化融入专业课的课堂教学
	制度环境	2. 学校制定了一系列鼓励教师进行文化育人的考评制度和活动机制
	教师素质	3. 政治立场坚定，富有家国情怀 4. 师德高尚
输入评价（Input）	教学资源	5. 教师可以利用校内或校外的在线平台和数据库 6. 教师可以获取丰富的中华优秀传统文化融入商务英语教学的案例库 7. 选用国家级规划教材
	能力基础	8. 接受过课程思政和文化育人相关的教育培训 9. 具备将中华优秀传统文化融入商务英语教学的方法和技能
	经费支持	10. 学校为教师文化育人提供经费支持

续表

一级指标	二级指标	三级指标
过程评价（Process）	教学方案	11.修订和完善教学大纲 12.教学进度安排合理 13.集体备课，共同研究最佳文化育人方案 14.教案详尽，教学设计合理和教学活动丰富，可操作性强
	课堂教学过程	15.教学中在合适的时机，恰如其分地融入中华优秀传统文化 16.运用多种教学方法，学生易于接受 17.教学充满激情和感染力 18.能调动学生的学习热情 19.察言观色、善于倾听，能有效地控制课堂，课堂秩序井然有序 20.能用英语清晰、准确、流畅地讲述中华优秀传统文化
成果评价（Product）	课堂教学效果	21.教学目标达成度 22.师生互动频率
	学生评教	23.学生感受及满意度
	教师自评	24.教师满意度 25.教学反思意识与总结
	同行及督导评教	26.得到同行及督导认同 27.可借鉴、可示范、可推广

上表中的评价指标体系含有 4 个一级指标、12 个二级指标、27 个三级指标，其中一级指标分别为"背景评价""输入评价""过程评价"和"成果评价"。

背景评价是界定商务英语教学中融入中华优秀传统文化教育的环境或背景，明确可提供支持的资源，以此来判断教学目标的合理性和可行性，所以"背景评价"包括"政策环境""制度环境""教师素质"3 个二级指标。其中，"政策环境"包括"学校鼓励和支持教师将中华优秀传统文化融入专业课的课堂教学"1 个三级指标，"制度环境"包括"学校制定了一系列鼓励教师进行文化育人的考评制度和活动机制"1 个三级指标。教师的个人素质和能力对教学的实施起关键性的作用，教师是否具有坚定的政治立场、是否有家国情怀、师德是否高尚，直接关系到课堂教学目标的达成和文化育人的成效，所以"教师素质"包括"政治立场坚定，富有家国情怀""师德高尚"2个三级指标。

输入评价是在背景评价的基础上，对教师的课前教学准备能力和教学前应具备的个人能力进行的评价，对完成教学的资源和保障进行评价，并确认教师的教学能力及预算资金等资源的利用，所以"输入评价"包括"教学资源""能力基础""经费支持"3个二级指标。课堂教学的顺利实施需要丰富的教学资源，除了丰富的教材资源，还有多种多样的网络教学资源，有丰富的可共享课程资源和多样的在线学习平台与数据库，教师也可以自己制作教学视频，搭建案例库，所以"教学资源"包括"教师可以利用校内或校外的在线平台和数据库""教师可以获取丰富的中华优秀传统文化融入商务英语教学的案例库""选用国家级规划教材"3个三级指标。教师的教学能力是将中华优秀传统文化融入商务英语课堂教学的决定因素，教师是否接受过课程思政和文化育人相关的教育培训、是否具备将中华优秀传统文化融入商务英语教学的方法和技能，决定了课堂教学能否顺利实施，因此"能力基础"包括"接受过课程思政和文化育人相关的教育培训""具备将中华优秀传统文化融入商务英语教学的方法和技能"2个三级指标。教师培训还需要相关的经费支持，所以"经费支持"包括"学校为教师文化育人提供经费支持"1个三级指标。

过程评价是指对教师课堂教学实施的情况进行检查、监督和反馈，记录发生的教学事件和活动，所以过程评价包括"教学方案"和"课堂教学过程"2个二级指标。教学方案主要是对教学大纲、教学进度安排、教学设计、教学活动进行详细的规定，对现有的教学大纲进行修订和完善，针对各单元的学习内容，加入中华优秀传统文化要素。专业课教师在认真备课的基础上，要积极参加集体备课，教研室内部成员共同探讨，集思广益，一起研究最佳的文化育人方案。教师要写好教案，做好教学设计。例如，课堂活动设计哪些环节、每个教学环节如何安排时间、各个教学活动之间如何环环相扣、教学活动的难易度是否和学生的学情契合、课堂活动的可操作性强不强等都需要精心设计与构思。所以，"教学方案"包括"修订和完善教学大纲""教学进度安排合理""集体备课，共同研究最佳文化育人方案""教案详尽，教学设计合理和教学活动丰富，可操作性强"4个三级指标。

课堂教学过程是教学的具体实施阶段，需要重点关注教学内容、教学方法、课堂氛围和教师的教学能力等内容。在教学内容上，教师在教学中能在合适的时机，恰如其分地融入中华优秀传统文化；在教学方法上，教师能够恰当地使用多种教学方法，要以学生为中心，使学生主动参与并易于接受；在教学氛围上，教师能在教学中充满激情和感染力，充分调动学生的学习热情，课堂学习氛围浓厚，师生之间的互动融洽；在教师的教学能力方面，教师能察言观色、善于倾听，能有效地控制课堂，课堂秩序井然有序，教师还具有良好的中华优秀传统文化素养，并能用英语清晰、准确、流畅地讲述中华优秀传统文化知识，所以"课堂教学过程"包括"教学中在合适的时机,恰如其分地融入中华优秀传统文化""运动多种教学方法，学生容易接受""教学充满激情和感染力""能调动学生的学习热情""察言观色、善于倾听，能有效地控制课堂，课堂秩序井然有序""能用英语清晰、准确、流畅地讲述中华优秀传统文化"6个三级指标。

成果评价是收集教学结果的描述和判断，是对教学效果最直接和最重要的检验，为改进教学流程与方法、提高教学水平提供参考。因对教学效果的评价涉及教师、学生、教师同行、督导等多元主体，所以"成果评价"包括"课堂教学效果""学生评教""教师自评""同行及督导评教"4个二级指标。对课堂教学效果的评价要关注教学目标是否达成、师生的互动是否积极有效，所以"课堂教学效果"包括"教学目标达成度""师生互动频率"2个三级指标。学生对课堂教学的评价主要集中在学生对课堂的感受和对教师教学的满意度上，所以"学生评教"包括"学生感受及满意度"1个三级指标。任课教师自己对课堂教学的评估，除了自身对课堂的满意度以外,还要包括教学的反思意识和反思总结，所以"教师自评"包括"教师满意度""教学反思意识与总结"2个三级指标。教师同行和教学督导对课堂教学的评价，主要考虑是否得到同行及督导的认可，课堂设计及课堂教学案例是否具有示范性和借鉴意义、是否适合推广，所以"同行及督导评教"包括"得到同行及督导认同""可借鉴、可示范、可推广"2个三级指标。

三、对"课程"的评价

从商务英语专业的培养目标和专业特点出发建立基于系统角度的中华优秀传统文化融入商务英语教学的效果评价模式，是检验学生的学习成绩、评价课程人才培养目标实现程度的重要途径。

基于此，作者初步构建了融入中华优秀传统文化教学的商务英语专科课程的评价指标体系，具体见表6-2-3。

表 6-2-3　对"课程"的评价指标

一级指标	二级指标	三级指标
背景评价（Context）	政策背景和需求分析	1. 学校政策和规章制度 2. 社会需求 3. 学校发展需求 4. 学生发展需求
	中国文化基础	5. 中国文化类课程 6. 课外传统文化类活动和实践
	专业基础	7. 学科特征 8. 职业环境
输入评价（Input）	教师队伍	9. 师德师风 10. 中华优秀传统文化素养 11. 专业素养 12. 教学能力 13. 育人能力
	财政保障	14. 学校专项经费
	制度保障	15. 守正创新，不断完善制度和机制
	课程资源配置	16. 选用国家级规划教材 17. 线上教学平台 18. 电子书籍和数字图书馆资源
过程评价（Process）	教学内容	19. 融入与教材内容相关的中华优秀传统文化，切入点恰当
	课堂设计	20. 教学方法使用恰当 21. 课堂活动丰富 22. 课堂管理井然有序
	控制与监督	23. 同行评议 24. 督导监督检查

续表

一级指标	二级指标	三级指标
成果评价 （Product）	课程评价	25. 考核内容与教学大纲一致 26. 课程思政和中华优秀传统文化内容丰富 27. 课程评价方式多样，形成性评价和终结性评价相结合，评价体系科学且操作性强
	课程成果	28. 学生对课程的满意度 29. 课程资源包、教案、课程教学案例具有示范性和可推广性 30. 课程的实施路径较为成熟，具有借鉴价值和可持续性
	学生成绩	31. 价值观提升 32. 文化自信增强 33. 素质提高 34. 能力提高
	教师绩效	35. 教学成就 36. 丰富经验
	学校声誉	37. 社会反馈 38. 学生技能证书获取率 39. 招生就业创业率

上表中的评价指标体系含有 4 个一级指标、15 个二级指标、39 个三级指标，其中一级指标分别为"背景评价""输入评价""过程评价"和"成果评价"。

背景评价是对商务英语专业课程中融入中华优秀传统文化的政策背景和实际需求作出诊断性判断，因此，背景评价分析和判断在商务英语教学中融入中华优秀传统文化的必要性和重要性，并对学生的中国文化基础和专业基础等进行评估和判断，所以"背景评价"包括"政策背景和需求分析""中国文化基础""专业基础"3 个二级指标。在融入传统文化的政策和需求分析方面，要考虑国家与社会的外部环境是否重视和支持中华优秀传统文化教育、学校内部环境如何、学校是否制定了相关的政策和规则、是否与国家的外语类学科教育指导纲要一致、是否与学校的发展和定位相一致、是否符合学生文化素养的发展特点、是否满足学生对传统文化知识的学习需要、是否满足学生的跨文化交际等能力提升的需求等，这些信息都是政策背景和需求分析所包含的内容，所以"政策背景和需求分析"包括"学校政策和规章制度""社会需求""学校发展需求""学生发展需求"4个三级指标。此外，还要考虑学生的能力水平和文化基础，包括学生的中国文化基础和专业基础，充分了解学生的能力水平是为课程教学提供现实基础和群众基础，充足的中国文化类课程和丰富的课外传统文化类活动为文化育人提供了丰富资源，是商务英语课程有效实施的有力保障。其中，"中国文化基础"包括"中国文化类课程""课外传统文化类活动和实践"2个三级指标，将课内和课外相结合、理论和实践进行了结合。有关专业基础的背景评价还要包括商务英语的学科特点和学生以后的职业环境，对学科特征和职业环境进行评价可以更清楚地了解课程目标的清晰度和学生的需求，所以"专业基础"包括"学科特征""职业环境"2个三级指标。

输入评价是在背景评价的基础上，对课程教学方案实现目标所需要的资源、前提条件、优势等进行可行性和有效性的评价。教师是课程实施的主体，教师素质直接影响价值引领和课程实施的效果，教师直接影响课程实施中的各个环节，最终决定课程效果和课程目标能否实现。财政保障和制度保障为课程和教学活动提供了财力、物力和实施环境，为教师培训提供经费支持，直接影响了课程的实施范围和水平，丰富的课程资源配置是课程实施的重要保证，所以"输入评价"包括"教师队伍""财政保障""制度保障""课程资源配置"4个二级指标。其中，"教师队伍"包括"师德师风""中华优秀传统文化素养""专业素养""教学能力""育人能力"5个三级指标，"财政保障"包括"学校专项经费"1个三级指标，"制度保障"包括"守正创新，不断完善制度和机制"1个三级指标，"课程资源配置"包括"选用国家级规划教材""线上教学平台""电子书籍和数字图书馆资源"3个三级指标。

过程评价是指在课程方案实施过程中，进行持续的控制、监督和检查，以便为课程教学的决策者、管理者和参与者提供反馈信息，能够从课程实施过程中发现问题，并针对问题提出改进和调整措施。课程实施是教师和学生对话交流的过程，教师通过教学活动将教学内容和教学方案付诸实践，将中华优秀传统文化适当、适时地融入课程教学，并记录学生在课堂上的情感、行为和态度，然后进行反馈。教学督导和教师同行对课程实施的过程进行控制和监督，这可以促进课程的有效实施，所以"过程评价"包括"教学内容""课堂设计""控制与监督"3个二级指标。其中，"教学内容"包括"融入与教材内容相关的中华优秀传统文化，切入点恰当"1个三级指标，"课堂设计"包括"教学方法使用恰当""课堂活动丰富""课堂管理井然有序"3个三级指标，"控制与监督"包括

"同行评议""督导监督检查"2个三级指标。

成果评价是对课程实施的目标实现程度进行判断和衡量，课程实施的受益者是学生、教师和学校，所以课程实施的目标是否实现，课程实施是否带来实际的效果，课程方案是否具有示范性、能否进行推广并可持续地进行，都需要学校、教师和学生搜集各种相关信息来作出评价，所以"成果评价"包括"课程评价""课程成果""学生成绩""教师绩效""学校声誉"5个二级指标。其中，对课程评价，要看课程考核的内容是否与教学大纲一致、课程考核中是否涵盖课程思政和中华优秀传统文化元素、课程考核的方式是否将形成性评价和终结性评价相结合、评价方式是否多样等，所以"课程评价"包括"考核内容与教学大纲一致""课程思政和中华优秀传统文化内容丰富""课程评价方式多样，形成性评价和终结性评价相结合评价体系科学且操作性强"3个三级指标。对课程成果的判断，要关注学生是否对课程满意，课程开发的资源包、教案和教学案例是否具有示范性，是否可以在院系或者学校范围进行推广，课程的实施路径是否相对成熟，是否对其他专业有借鉴价值和具有可持续发展的意义等，所以"课程成果"包括"学生对课程的满意度""课程资源包、教案、课程教学案例具有示范性和可推广性""课程的实施路径较为成熟，具有借鉴价值和可持续性"3个三级指标。对学生成绩的考核，要看学生是否形成正确的价值观，是否坚定文化自信，文化素养、个人素质、个人能力是否提高，所以"学生成绩"包括"价值观提升""文化自信增强""素质提高""能力提高"4个三级指标。对教师的评价侧重教师是否取得教学成就、教学经验有无增加，所以"教师绩效"包括"教学成就""丰富经验"2个三级指标。社会反馈反映了社会对于商务英语专业人才质量的认可程度，学生技能证书获取率是课程实施最后形成的量化结果，招生就业创业率是课程教学质量的直接结果，所以"学校声誉"包括"社会反馈""学生技能证书获取率""招生就业创业率"3个三级指标。

四、对"课外实践"的评价

课外实践是人才培养的重要环节，参加形式多样的、以学习中华优秀传统文化为主题的课外实践，可提升学生对中华优秀传统文化内涵及其中国精神的理解，促进学生人格的完善和人文精神的提升，引导学生坚守中华优秀传统文化立场，坚持文化自信。对课外实践进行评估，有利于提高课外实践活动的质量，为学校的实践教学改革提供参考。构建课外实践评价体系的原则为：（1）覆盖面全面。课外实践教学包含多个方面，如课外实践前的准备、课外实践的环境和开展实践的条件、实践的具体过程、实践的效果等方面，评价体系需要覆盖到课外实践的全方面。（2）以育人为导向。课外实践的目标在于巩固和深化课堂理论知识，弘扬中华优秀传统文化，培养文化自信，因此课外实践评价体系要以教学大纲为指导，以立德树人和文化育人为导向，培养全面发展的高素质商务英语人才。（3）可操作性强。评价指标因覆盖面广，涉及的关键环节较多，但不宜将评价体系设计得过于复杂，应该突出重点，筛选具有代表性的观测点，客观简洁，具有可操作性。（4）可持续性强。课外实践的评价体系要与教学大纲保持一致，在实践过程中可作相应调整，但要维持相对的稳定性和可持续性。

　　作者以外国语学院或商务英语系为单位，将整个学院或者系的课外实践工作作为一个整体，对课外实践进行全程性评价（涉及学校的教学管理者、外国语学院或商务英语系教师、商务英语专业学生、行业专家等），构建了融入中华优秀传统文化教学的商务英语课外实践的评价指标体系，具体见表6-2-4。

表6-2-4　对"课外实践"的评价指标

一级指标	二级指标	三级指标
背景评价（Context）	开展实践的需要	1. 符合学校的办学定位 2. 符合学校的人才培养需要 3. 专业人才培养的需要
	目标明确	4. 巩固和深化课堂理论知识 5. 弘扬中华优秀传统文化，培养文化自信
输入评价（Input）	活动开展条件	6. 项目开展条件的成熟度 7. 师生等人员配备充足 8. 场地和设备齐备 9. 经费投入有保障
	规章制度	10. 学校有课外实践的制度保障 11. 各院系有切实可行的课外实践管理办法

续表

一级指标	二级指标	三级指标
过程评价 （Process）	实践项目的实施	12. 开展实践的时间、频次、运行程序、组织形式 13. 实践认定的标准和学分纳入人才培养方案
	监督管理	14. 有专门的课外实践指导和管理团队
		15. 日常管理职责明晰、灵活高效
		16. 有专人监管，保障实践项目达到预定目标
成果评价 （Product）	学分和成果认定	17. 学分认定规范 18. 实践目标的达成度 19. 课外实践参加人数 20. 竞赛获奖数量或获得实践培训结业证书人数
	项目结果及成效	21. 实践活动有序完成 22. 学生反馈及情感变化 23. 学生的中华优秀传统文化知识、动手技能及家国情怀的提升 24. 活动具有创新性、推广性和可持续性

　　上表中的评价指标体系含有 4 个一级指标、8 个二级指标、24 个三级指标，其中一级指标分别为"背景评价""输入评价""过程评价"和"成果评价"。

　　背景评价是对课外开展中华优秀传统文化教育实践的需要和目标进行评价，课外实践中涉及的各个群体都有自身需求，需要了解各方的需求，并对实践活动的目标的合理性进行判断，所以"背景评价"包含"开展实践的需要""目标明确"2 个二级指标。从学校的长远发展而言，开展课外实践，需要结合高等教育发展的时代背景，以学校的办学定位和办学层次为出发点，制定符合学校人才培养要求和商务英语专业人才培养目标的课外实践活动，所以"开展实践的需要"包括"符合学校的办学定位""符合学校的人才培养需要""专业人才培养的需要"3 个三级指标。从目标设定上看，开展课外实践的目的是巩固和深化课堂教学内容，加深对课堂理论知识的理解、拓展和应用，并在课外实践中传承和弘扬中华优秀传统文化，坚定文化自信，所以"目标明确"包括"巩固和深化课堂理论知识""弘扬中华优秀传统文化，培养文化自信"2 个三级指标。总的来说，课外实践的背景评价指标需要结合学校的办学特点、院系的实际情况和学生的身心发展规律，制定细致的实践目标，实现理论与实践的"知行合一"。

输入评价主要是对开展课外实践的各项前提条件和保障措施进行可行性分析和评估，具体包括活动开展所需的物力、人力和财力等资源以及各种保障制度，输入评价是进一步判断活动方案的可行性，所以"输入评价"包括"活动开展条件""规章制度"2个二级指标。活动开展的条件要充分考虑课外实践活动开展条件的成熟度，如师资及协助人员的配备是否充足、场地是否落实、设备是否有保证、经费的投入是否充足等，需要具备成熟的条件才能保证活动的顺利开展，所以"活动开展条件"包括"项目开展条件的成熟度""师生等人员配备充足""场地和设备齐备""经费投入有保障"4个三级指标。在制度保障方面，学校需要制定详细的规章制度，这样才能保证课外活动有章可循，在学校的规章制度的指导下，各院系也要有操作性强的课外实践管理办法，所以"规章制度"包括"学校有课外实践的制度保障""各院系有切实可行的课外实践管理办法"2个三级指标。

过程评价是课外实践的关键环节，是对课外实践活动的运行情况和实施情况进行测评，通过监督和管理评价活动运行的质量，并为学校的决策者反馈信息，所以"过程评价"包括"实践项目的实施""监督管理"2个二级指标。实践项目的实施过程决定着课外实践的目标能否达成，而实践项目的实施过程包含一系列的细节，如开展实践的时间、频次、运行程序、组织形式等，是否具备实践认定的标准、是否将课外实践的学分纳入人才培养方案，也是影响课外实践活动顺利开展的关键要素，所以"实践项目的实施"包括"开展实践的时间、频次、运行程序、组织形式""实践认定的标准和学分纳入人才培养方案"2个三级指标。课外实践项目的顺利实施还需要有专门的实践指导团队对学生的课外实践进行日常监督和管理，通过监督和管理可以督促学生履行职责，以踏实的态度进行课外实践，所以"监督管理"包括"有专门的课外实践指导和管理团队""日常管理职责明晰，灵活高效""有专人监管，保障实践项目达到预定目标"3个三级指标。

成果评价是指对课外实践活动的结果和效果进行分析，以及活动中的利益相关方对活动实施结果的反馈，以期为后续开展类似的课外实践提供参考依据，所以"成果评价"包括"学分和成果认定"和"项目结果及成效"2个二级指标。在课外实践的成果方面，主要通过课外实践的学分申报进行成果认定。成果可以是学生参加竞赛的获奖证书，或者是通过活动获得的实践培训结业证书等，所以"学分和成果认定"包括"学分认定规范""实践目标的达成度""课外实践参加人数""竞赛获奖数量或获得实践培训结业证书人数"4个三级指标。在课外实践活动的成效反馈方面，主要判断实践活动是否有序地完成了；实践活动中及结束后，学生有无情感和价值观的变化；在课外实践中，学生有没有学到中华优秀传统文化知识，他们的动手能力有没有提高，家国情怀和文化自信有没有提升等。当课外实践活动结束以后，还需要判断该实践长期实施的可能性、能否定期开展、能否进行推广、是否具有创新性和可持续性等，所以"项目结果及成效"包括"实践活动有序完成""学生反馈及情感变化""学生的中华优秀传统文化知识、动手技能及家国情怀的提升""活动具有创新性、推广性和可持续性"4个三级指标。

总之，对课外实践的效果进行评价时，需要充分发挥评价主体的作用，做好阶段性评价工作，学校的教学管理部门需要安排专门人员，负责收集、整理和分析评价信息，积极制定改进措施，及时调整和完善各项措施，持续推进课外实践活动的开展，不断提高商务英语专业人才培养的质量。

第三节 中华优秀传统文化融入商务英语教学的评价主体

将中华优秀传统文化融入商务英语教学的评价工作，涉及四个评价主体，即：学生、任课教师、教师同行和教学督导。

一、学生自评和互评

学生的自评和互评应该被放在评价体系的首位加以考虑，这是因为，学生自评和学生互评是一种从学生主体出发、真正以学生为中心、尊重学生自我意识、鼓励和促进学生自我发展的评价方式。一个学生能否正确评价自己、评价同伴，既能体现该学生的语言表达能力，又能够体现该学生是否具有自我反思能力、合作学习能力和批判性思维的能力。学生自评是以学生对自身原有发展水平的认识为基础，根据自身认可的评价标准，对自己的学习和各方面素质、能力发展所做的判断和评价。有效地利用学生自评，可以健全学生的自我意识，能促进学生主动积极的学习，真正将书本知识融入自我的认知结构，有利于学生以健康积极的态度进行自我接受和自我肯定，这也体现了中华优秀传统文化中"以人为本"的意蕴。

在商务英语教学中，教师可以引导学生对自己的学习行为投入进行自我评估。学生的学习行为投入是指学生在商务英语课程的课内外学习中，所表现出来的行为、毅力、情感、心理等，主要包括四个方面的维度：行为投入、认知投入、元认知投入、情感投入。在实际教学中，教师可以引导学生先认识行为投入的内涵和重要性，然后再引导学生进行自我行为投入的评价。学生的行为投入是学生努力程度的具体表现。学生在课内课外参与学习活动中表现出来的行为都是行为投入。例如，学生在课前通过网络在线平台进行课前预习，付出了若干小时的时间进行资料的阅读和相关信息的搜索；在课堂上积极参与小组讨论，为问题的解决出谋划策，提供思路和方法，或者代表小组在课堂上汇报小组讨论的结果；课后按时完成作业，投入时间和精力进行课后复习等。教师在帮助学生认识到什么是自我行为投入评价以后，可以引导学生自主制作学习行为投入评估量表和撰写学习反思日记，通过评估学习投入和学习体验，来检验学习效果，促进学习动机的增加。不同的专业课程可以根据课程目标和特点，制定不同的行为投入量表，不同的学习任务和不同的学习阶段也可以制定不同的行为投入量表。教师鼓励学生撰写学习反思日记，同学之间相互交流，这是因为反思日记可以更好地帮助学生观察到情感和价值观的变化，提高融入性学习动机。

二、任课教师自评

教师是课堂教学的执行者，是课程"责任田"的主要负责人，每一位教师都要守好自己的"责任田"，及时观察和了解学生的思想动态和学习情况，对学生进行中华优秀传统文化教育，在精神层面对学生进行指引，积极与学生互动。教师还要认真对待督导评教和学生评教，通过督导评教和学生评教来反思自己的教学设计和教学实施过程，不断调整和改进教学。因为教师在教学评价中居主体地位，所以教师要加强对语言测试和评价理论的学习，在教学中检验和审视评价理念，积极构建评价者的身份认同。

为了更好地进行任课教师自评，教师需要做到以下两点。

第一，深入学习测评理论，加强对课程评价理论流派与典型模式的学习，熟练掌握每种课程评价方法的基本内涵和设计要则。商务英语课程的评价要坚持立德树人和文化育人的根本目标，突出商务英语的学科特点，强调商务知识、语言知识、中华优秀传统文化知识和跨文化交际知识相融合。教师要在教学的各个阶段履行好职责，运用多元的评价方法对学生的学习成效进行评价，如设计题型和编制试卷的方法、设计课堂小测验的方法、课堂观察与记录的方法、档案袋及电子档案袋评定的方法、苏格拉底式研讨评定的方法等，结合多种多样的评价方法，可以促进学生的语言、知识、文化、情感、思维和能力的全面发展。

第二，将测试理论与客观现实相结合。受教育内外部因素的影响和现实环境的各种因素制约，评价理论需要在实践中检验、修正、总结、完善和升华，这就需要教师充分发挥主动性，采用符合现实情况的评价方法，在教学实践中将理论与实践紧密结合，做到知行合一。

三、教师同行互评

各专业教师之间可以开展同行互评，同行互评可以从教学目标的体现、传统文化与教材内容的融合、育人的成效展现等维度进行。

除了在教研室内部开展同行互评以外，还可以将思政课教师、中国文化课教师和商务英语专业课教师进行结对，通过教研活动，共同挖掘教材中的中华优秀传统文化资源和课程思政元素。思政课教师、中国文化课教师和商务英语专业课教师可以一起参与讨论，从教学目标与育人目标完成情况、教学内容与中华优秀传统元素统一情况、教学技能与文化育人能力等方面，进行教师同行互评。坚持知识传授和价值引领相统一、显性教育和隐性教育相统一，使专业课与传统文化教育同向同行、互融互通，打造"课程门门融文化、教师人人讲文化、教学时时在育人"的协同体系，推进中华优秀传统文化课程融入商务英语教学。教师同行互评以教师学习共同体为载体，教师在相互协作和相互交流中提升评价素养。教师学习共同体注重以教师为本，主张通过合作交流来实现主动探究，这被认为是比传统方式更有效的途径。具有相同目标的教师群体，联合在一起，可以引发共同体成员主动学习的集体责任，更能激发单个教师学习的动力。教师通过对话和倾听、互相答疑解惑、分享和交换对策，对评价实践进行批判性思考，以同伴经验为参考，进一步发现自己在评价实践中的欠缺与不足，从而找到解决问题的办法，改进教学。

四、教学督导评价

教学督导可以对任课教师进行全面评价，包括教师的"德、能、勤、敬"等方面进行评价，具体包括师德师风、教学工作态度、业务能力水平、教学内容、教学方法、教学理念、课前准备、教学文件的规范性、课堂控制能力、信息化教学手段、文化育人能力、教学效果、敬业精神等各方面。教学督导通过随堂听课等方式，对教学大纲、课程进度、教案等教学资料进行检查，对课堂讲课进行指导与反馈，可以督促教师将中华优秀传统文化与专业课程学习和课程思政三者有机结合，达到以文化人、以文育人的教学目标。

教学督导通过从不同角度对中华优秀传统文化教育的实施情况进行专业评价，其评价结论能反向促进教师育人水平的提升。

第四节　中华优秀传统文化融入商务英语教学的评价方式

将中华优秀传统文化融入商务英语教学的效果进行评价，需要将中华优秀传统文化元素与语言知识、商务知识相结合，其中既有显性知识的测评，也有隐性的思想情感和价值观的考核。我们可以采用以下评价方式。

一、将量化评价方式和质性评价方式相结合

教学中涉及中华优秀传统文化的知识是显性的、可操作性的内容，商务英语教师可以采用量化指标来对学生的成绩进行评价，但是涉及文化育人、思政育人、中华优秀传统美德和精神、价值引领等隐性的教育，需要采用质性评价方式。

商务英语教师可以对学生平时的课堂表现及学习行为进行观察和记录，从中发现学生思想观念、学习态度和动机、价值观等隐性情感的变化，教师可以借助文字、图片和视频等为学生提供针对性的反馈，对学生的价值观进行引领。

二、采用多元化的学生学习效果评价方法

随着网络和信息技术的飞速发展，教学模式和教学方法也呈现出多元化，因此对学生学习效果的评价也要注重多元化。

例如，商务英语教师在对学生课堂表现进行评价时，可以观察、记录学生在小组讨论中的参与度、提问分析和解决问题的能力等；对于小组成员课堂陈述的PPT展示或者录制的用英语讲述中国文化故事的视频，可以采用网络投票的形式进行评析；在对学生的知识归纳、团队协作、综合表达、批判性思维和创新思维等能力进行评价时，可以进行组内学生自评和小组间互评；还可通过线上主题讨论和调查问卷等方式，记录和反馈学生价值观建立和情感变化的过程；在检验学习效果的同时，还要关注学生作为个体的成长，从而提升学生的学习兴趣。

商务英语教师还可以利用云端电子档案袋形式，以作品化、可视化、过程化为原则，通过电子档案袋留存学生在课程学习期间的过程性资料，将小组讨论记录、小组成果、英语短剧、英语朗诵、英语讲述的中华优秀传统文化故事等都纳入云端电子档案袋；还可以利用线上评价方便和快捷的优势，增加课前、课中、课后的诊断性评价，使师生的教和学针对性更强，能够实现有的放矢；利用媒介和网络平台共享性优势，可以实现师生评价、生生评价，以及行业评价、校内评价等多元诊断性评价；利用大数据和语料库技术的优势，可以实现对某一学习者常见语言问题的诊断，最终形成以"电子档案袋＋诊断性评价"为特色的立体、智慧的考核形式。

三、将形成性评价方式和终结性评价方式相结合

形成性评价是指在课程实施过程中，与教学过程同步，连续性地对学生的学习过程和学习成果进行动态评价，这种评价结果可以用于改进、修订和发展课程。形成性评价能提升学生在整个课程学习中的积极性，可以有效避免学生在学期末出现"临阵磨枪"、侥幸通过考试的心理。可以采用个人课堂陈述、英文演讲、小组讨论结论汇报、学习心得体会撰写、PPT汇报展示、手抄报陈列等形式展示学习成果，对学生情感、价值观和专业综合能力等进行综合评估和考核。形成性评价既可采用学生自评的方式，也可以采用同伴互评的方式。此外，教师评价也很重要。

对于学生学习的全过程，教师要进行持续的观察、倾听、记录和反思，并给出具体的、有针对性的评语，从情感上激励学生学习。课堂日志、案例分析报告、学生的互评笔记、学生的自评档案、网络学习平台上的后台数据等，也可供教师对学生进行评价。教师也可以采用问卷调查的方式，了解学生在学习中的体验感受，找出教学设计中存在的问题和不足，进行调整和修改。大学生价值观的形成和升华是潜移默化和循序渐进的过程，所以文化教学的隐性化和多样性要求在商务英语专业课程中以形成性评价为主，贯穿教学的全过程。

终结性评价是指在课程实施告一段落以后或者一个学期的教学结束后，对教学活动效果进行的评价，如期末考试等。在试卷命题时，命题人要对考试或评价内容进行深入分析，在试题中蕴藏价值导向和育人元素，巧妙地设计考题。以阅读理解题为例，选材时可以选取学习强国App或《中国日报》（China Daily）中的财经类报道，可以设置客观选择题要求学生对作者观点和文字内容进行理解，还可以设置主观题让学生对文章材料中的价值观进行解读，帮助学生提高政治意识和道德意识。作为外语教学中长久以来的主要评价方式，终结性评价强调显性的阶段性教学效果，聚焦于学习结果，可以判断课程设计的成果，有利于监督和引导学生掌握中华优秀传统专业知识，及时反馈教师的教学效果，帮助教师调整和完善教学设计，提升教师的教学能力。

如果仅有形成性评价，无法客观、全面地评价学生的中长期学习成效；如果仅有终结性评价，无法及时、全面地评价学生的短期学习效果，由此需要将二者结合起来，将它们设置一定的比例。例如，过程性考核占60%，终结性评价占40%。过程性考核可以包括：课堂发言与小组讨论互动参与占20%、课后书面作业占20%、中国传统文化经典诵读占20%。并细化各个组成部分的评价标准，如课堂发言的积极性和回答问题的准确度，书面作业是否按时完成和完成的质量，诵读的次数和时长，小组讨论中的参与度、沟通能力、合作能力及思辨能力等。

四、将教师评价方式与学生自我评价方式相结合

教师评价是为了检查教学效果，帮助学生客观而清醒地认识自我，找出学习中的不足，对改进和调整学习有重大意义。教师评价应该被学生所接受，应该成为学生自我评价的参考。学生评价可以将过去的成绩与现在的成绩进行纵向对比，在感受自己进步的同时，增强前进的勇气

和信心；自我评价也能为教师评价提供参考，学生通过自我评价，可以让教师更为全面而具体地熟悉每一位学生，了解每一位学生的优缺点和进步情况，从而更好地因材施教。当学生从内心真正接受教师评价，并自觉转换为自我评价时，才能真正促进学生的成长和发展。所以，教师评价与学生自我评价相结合，融为一体，相互补充，相得益彰，最终促进学生的全面发展。

将中华优秀传统文化融入商务英语教学的效果进行评价，其目的是改进教学，以评促教、以评促学，最终达到立德树人、文化育人的目的。而德育和文化育人，是一个漫长的过程，在此过程中，教师与学生会相互影响、相互塑造、相互成就。教师的知识储备、能力水平、教学方式和方法等会随其教学时间和阅历不断丰富而发展；而学生随着年龄的增长，他们的思想和价值观念等各方面也会不断发展和变化。因此，教学评价指标和评价方式也应具有发展性，应把文化育人贯穿于教学目标设定、教学方法选择、教学过程实施、教学效果评价和教学反思等教学活动的全过程，从发展的角度评价教师和学生"教"与"学"的全过程，并且要对评价指标的全面性和科学性、评价标准和评价方法的适宜性不断调整和完善，构建包含评价过程、方式、内容、管理等多元评价体系。

需要注意的是，本章中作者所构建的评价体系有很多不足和局限性，如学理分析不足、现状分析不够、评价指标体系不全面、研究方法局限等；作者只是初筛了评价指标，没有进行指标权重赋值，如何确定各项指标的权重，如何在变化的教学实践中调整和修改各项指标，有待更多的研究和检验，评价指标的合理性、科学性、全面性还需要进一步加强。有关商务英语教学中融入中华优秀传统文化教学的效果评价，还需更进一步的研究，需要通过实践进行检验，不断修正、补充和完善。

结　语

当前，我国的高等学校正处于全面推进课程思政和"大思政课"建设的时期，继承和弘扬中华优秀传统文化，加强社会主义先进文化教育是高校在新形势下的责任担当。将中华优秀传统文化融入商务英语专业教学，有助于全面贯彻落实全国高校思想政治工作会议精神，通过文化育人、以德育才，最终实现为党育人、为国育才。伴随着中国的快速发展与强大，世界逐渐聚焦于中国的发展和中国特色文化，中西方文化不断交流互鉴，由此迫切需要提高跨文化交流能力和中国文化的国际影响力，加快构建中国话语和中国叙事体系。党的二十大报告指出，要增强中华文明传播力影响力，坚守中华文化立场，讲好中国故事，传播好中国声音，展现可信、可爱、可敬的中国形象，推动中华文化更好地走向世界。中华优秀传统文化是中华民族的精神追求和突出优势，是中华民族智慧的结晶。青年大学生是社会群体中最富有生命力、最勇于担当的群体，是继承、弘扬和传播中华优秀传统文化的青春支柱。当代中国青年生逢其时，施展才干的舞台无比广阔，实现梦想的前景无比光明。青年大学生正处于成长、成才的关键时期，接受中华优秀传统文化教育，有利于坚定文化自信，有助于不断淬炼道德品质。商务英语专业的学生，肩负着向世界传播中华优秀传统文化的使命，它们要立足于中华优秀传统文化，博古通今，融贯中外，用英语讲好中国故事，用英语传播中国声音，向世界展现一个全面、立体、真实的中国，为实现民族复兴和推动构建人类命运共同体而奋斗。

《高等学校商务英语专业本科教学质量国家标准》指出，人文素养是商务英语专业学生的必备素养之一，而在教学中融入中华传统文化是培养学生人文素养的重要途径。为实现将中华优秀传统文化融入商务英语教学，培养有家国情怀、全球视野、专业本领的复合型商务外语人才，本书构建了将中华优秀传统文化融入商务英语专业教学的"5W（why"为何要融入"，what"融入什么"，who"谁负责实施"，in which channel"怎样融入"，with what effect"融入的效果如何"）"路径。

在"为何要融入"部分，对中华优秀传统文化的内涵和我国商务英语教学的背景作了简略的介绍，并大致梳理了我国商务英语教学的发展脉络，分析了外语教学中长期存在的"中国文化失语症"现象，通过问卷调查了解了商务英语教学中的中国文化失语现象——"中国文化失语症"的产生原因，在于英语学科中蕴含的西方文化带来的冲击，而外语教学中中国文化教学的纲领性指导和评价机制缺失，商务英语教材中中国传统文化价值缺失，教师在教学中忽略母语文化的融入，缺少对中华文化内容的考核，学生在商务英语学习的功利性动机等，所以，在商务英语教学中融入中华优秀传统文化具有必要性和重要意义。在商务英语教学中融入中华优秀传统文化，有利于落实立德树人的根本任务，可以丰富课程思政的内涵，有助于坚定文化自信，还可以助力于中华民族复兴和文化传承、发展和传播。

在"融入什么"部分，探讨了商务英语教学中的文化教学，归纳了中华优秀传统文化融入商务英语教学的内容。因为语言和文化密切相关，所以外语教学应该包含文化教学。文化教学兴起于20世纪80年代，20世纪90年代以后，母语文化教育被纳入外语教学的重要内容。母语文化在外语学习中具有重要作用，母语文化是培养跨文化交际能力的基础，母语文化内容构成了外语教育教学的基础，提升母语文化素养能改善外语教学效果，母语和母语文化在外语学习中具有正迁移作用，正是因为母语文化在外语学习中的重要作用，所以商务英语教学中要融入母语文化教学。商务英语教学中的母语文化教学要坚持综合性原则、对比原则、适应原则、相关性原则、阶段性原则和启发性原则。在商务英语教学中融入母语文化教学，即融入中华优秀传统文化教学，具体可以分为七类：探寻人与自然关系的"天人合一"的思想、探寻人与社会（国家）关系的"讲仁爱""求大同""尚和合"的思想、探寻人与自我关系的"修身养性""为人之道"的智慧、中华优秀传统文化中"重民本""崇正义"的理念、中华民族的语言习惯、中华民族时代传承的行为方式和行为模式、新时代的中国故事。

在"谁负责实施"部分，以《普通高等学校外国语言文学类专业本科教学质量国家标准》为指导，围绕师资队伍建设，从专业知识、专业能力和专业素养三个方面，阐释了商务英语教师应具备的教师素质。商务英语教师应具备的专业知识包括英语语言学及文化知识、商务本体性知识和教学法知识；商务英语教师应具备的专业能力包括实践能力、科研能力、教学能力、育人能力；商务英语教师应具备的专业素养包括政治素养、师德素养和中华优秀传统文化素养。商务英语教师的发展路径为个体自我发展和群体合作发展相结合，教师的个体自我发展可以通过自我学习、自我反思行动、自主科研、自我修养等方式实现，教师的群体合作发展可以通过组建多元背景的教学团队和科研团队、互助观摩课和组建校内、区域性、全国性的虚拟教研室等方式实现。

在"怎样融入"部分，从融入理念、融入原则、融入方法等方面探索了将中华优秀传统文化与商务英语教学融合的理论，并列举了部分商务英语专业课课堂教学中的典型案例。要想将中华优秀传统文化融入商务英语教学，要坚持思政教育与中华优秀传统文化知识和商务知识教育的有机统一、坚持价值引领与知识传授和能力培养的有机统一、坚持教书与育人的有机统一；还要坚持理论与实践相结合、育德与育心相结合、课内与课外相结合、线上与线下相结合的原则，采用组建课程群的方式方法，形成价值引领共同体，采用多元的教学方法来将中华优秀传统文化融入商务英语教学。

在"融入的效果如何"部分，构建了"四个评价主体＋四个维度"的综合评价指标体系，健全了融入保障与评价机制，即对"融入的效果如何"进行评判的构建。通过四个评价主体，即学生、教师、同行、督导，从学、教、课程、课外实践四个维度，采用量化评价方式和质性评价方式相结合、形成性评价方式和终结性评价方式相结合、教师评价方式与学生自我评价方式相结合等方式，对学生中华优秀传统文化学习的过程、人文素养的增值程度及预设德育目标的实现程度进行评价。本书的局限性和不足在于，在针对商务英语教学中的中国文化失语的现状研究部分，样本不够丰富，尤其是商务英语教师的样本数量少、问卷设计的信度和效度有待进一步提高、问卷的设计内容不够全面、问卷分析部分略为简单等；具有效果评价的学理分析不足、现状分析不够、评价指标体系不全面、研究方法局限等薄弱环节；评价指标的合理性科学性还需要加强，此外评价指标的权重和赋值需要进一步研究；全面、立体、量化地考查中华优秀传统文化融入商务英语专业课教学中的效果，是当前面临的主要障碍和难点之一。总之，建立科学有效且具有实操性的评价体系具有重要的理论和现实意义，但是还有待进一步深入研究。

本书中作者构建的中华优秀传统文化融入商务英语教学的路径为初步探索，旨在抛砖引玉，真诚欢迎大家一起共同探讨，在课程思政和弘扬中华优秀传统文化的背景下，为商务英语教学改革和提升商务英语专业人才的培养规格提供参考。作者希望与大家一起，为培养具有中国情怀、全球视野，能在国际贸易和跨文化交际中担负起向世界传播中国文化、塑造中国形象、服务于中国梦使命的商务英语专业合格人才而努力。

参考文献

［1］Alptekin C.Towards Intercultural Communicative Competence in ELT［J］.ELT Journal，2002，56（1）：57-64.

［2］Brieger N.Teaching Business English［M］.New York：New York Associates Publications，1997.

［3］Brown H D.Principles of Language Learning and Teaching（Third Edition）［M］.Taipei：Prentice Hall Regents，1994.

［4］Erling E J.The Many Names of English［J］.English Today，2005，21（1）：40-44.

［5］Fanselow J F.Breaking Ruies：Generating and Exploring Alternatives in Language Teaching［M］.New York：Longman，1987.

［6］Kramsch C.Language and Culture［M］.London：Oxford University Press，1998.

［7］Mark E，Christine J.Teaching Business English［M］.Oxford：Oxford University Press，1994.

［8］McKay S.Teaching English as an International Language：The Chilean Context［J］.ELT Journal，2003（2）：139-148.

［9］Nation ISP.The Four Strands［J］.Innovation in Language Learning and Teaching，2007（1）：1-12.

［10］Stufflebeam D L.Shinkfield J.Systematic Evaluation［M］.Boston：Kluwer-Nijhoff，1985.

［11］Widdowson H G.Learning Purpose and Language Use［M］.Oxford：Oxford University Press，1983.

［12］叔本华.叔本华美学随笔［M］.韦启昌，译.上海：上海人民出版社，2009.

［13］乔伊斯，韦尔，卡尔霍恩.教学模式［M］.9版.上海：华东师范大学出版社，2021.

［14］利特尔伍德，李力.交际语言教学论［M］.北京：外语教学与研究出版社，2000.

［15］鲍文.国际商务英语学科论［M］.北京：国防工业出版社，2009.

［16］鲍文.商务英语教育论［M］.上海：上海交通大学出版社，2017.

［17］鲍文.商务英语学科教师专业发展论［M］.北京：国防工业出版社，2013.

［18］曹德春.学科交融与商务英语专业内涵建设［J］.郑州大学学报（哲学社会科学版），2011（2）：105-107.

［19］陈法春.外语类本科专业课程思政内容体系构建［J］.外语电化教学，2020（6）：12-16.

［20］从丛.中国文化失语：我国英语教学的缺陷［N］.光明日报，2000-10-19（C01）.

［21］邓文英，敖凡.英语专业学生的中国文化失语症分析［J］.兵团教育学院学报，2005（4）：58-61.

［22］邓炎昌，刘润清.语言与文化［M］.北京：外语教学与研究出版社，1989.

［23］杜瑞清.英语教学与英美文化［J］.外语教学，1987（03）：17-21.

［24］冯凭.理性与悟性：中西认知模式的比较［J］.社会科学研究，1986（2）：48-53.

［25］高等学校教学指导委员会.普通高等学校本科专业类教学质量国家标准［M］.北京：高等教育出版社，2018.

［26］高等学校外语专业教学指导委员会英语组.高等学校英语专业教学大纲［M］.北京：外语教学与研究出版社，2000.

［27］高一虹.生产性双语现象考察[J].外语教学与研究，1994,（1）：59-64.

［28］顾明远.教育大辞典［M］.上海：上海教育出版社，1990.

［29］顾佩娅.在与环境的互动中成长：老一代优秀英语教师发展案例研究［J］.外国语文研究，2015（6）：95-104.

［30］郭桂杭，李丹.商务英语教师专业素质与教师发展：基于ESP需求理论分析［J］.解放军外国语学院学报，2015（5）：26-32.

［31］郭桂杭，牛颖.商务英语教师自主能力调查与研究［J］.外国语文（双月刊），2016（8）：67-74.

［32］国家中长期教育改革和发展规划纲要（2012—2020年）［N］.人民日报.2010-07-30（13）.

［33］侯才.论悟性：对中国传统哲学思维方式和特质的一种审视［J］.哲学研究，2003（1）：27-31.

［34］胡春光，王坤庆.教师知识：研究趋势与建构框架.教育研究与实验［J］.2013（6）：22-28.

［35］胡文仲，高一虹.外语教学与文化［M］.长沙：湖南教育出版社，1997.

［36］胡文仲.文化差异与外语教学［J］.外语教学与研究，1982：45-51.

［37］黄国文.思政视角下的英语教材分析［J］.中国外语，2020，17（5）：21-29.

［38］黄友初.改革开放40年来我国教师专业化的回顾与展望［J］.课程.教材.教法，2018（11）：11-17.

［39］贾和平.中国传统文化在商务英语专业教学中的缺失与对策［J］.湖北成人教育学院学报，2019（3）：39-42.

［40］蒋亚瑜，刘世文.提高学生文化表达能力的方法和途径［J］.集美大学学报（哲学社会科学版），2005，8（1）：65-68.

［41］教育部.《高等学校课程思政建设指导纲要》的通知［EB/OL］.［2012-01-14］.http：//www.gov.cn/zhengce/zhengceku/2020-06/06/content_5517606.html.

［42］教育部.教育部关于全面提高高等教育质量的若干意见（教高〔2012〕4号）［J］.中国高等教育，2012（11）：20-24.

［43］教育部.普通高等学校本科专业目录（教高〔2012〕4号）［EB/OL］.［2012-09-14］.https：//www.doc88.com/p-10387101122607.html.

［44］教育部高等学校外国语言文学类专业教学指导委员会.普通高等学校本科外国语言文学类专业教学指南［M］.北京：外语教学与研究出版社，2020.

［45］李雁冰.课程评价论［M］.上海：上海教育出版社，2002.

［46］李宗桂.中国文化导论［M］.广州：广东人民出版社，2003.

［47］梁漱溟.中国文化要义［M］.上海：学林出版社，1987.

［48］廖光蓉.英语专业基础阶段阅读教学中文化导入的几个问题［J］.外语界，1999（1）：39-42.

［49］林添湖.试论商务英语学科的发展［J］.厦门大学学报（哲学社会科学版），2001（4）：143-150.

［50］刘纲纪.略论中国民族精神［J］.武汉大学学报（社会科学版），1985（1）：36-41.

［51］刘世文.重视母语文化外语表达能力的培养［J］.绵阳师范高等专科学校学报，2002（12）：18-21.

［52］刘正光，何素秀.外语文化教学中不能忽略母语文化教学［J］.西安外国语学院学报，2000（6）：61-64.

［53］刘正光，岳曼曼.转变理念、重构内容，落实外语课程思政［J］.外国语，2020，43（5）：21-29.

［54］蒲红梅.外语文化教学与人文精神的培养［J］.山东外语教学，2001（1）：77-78.

［55］钱冠连.美学语言学：语言美和言语美［M］.上海：华东师范大学出版社，2018.

［56］邵珊珊，王立非.商务英语本科专业教育质量评估指标体系构建与验证研究［J］.外语界，2022（05）：41-49.

［57］束定芳，庄智象.现代外语教学：理论、实践与方法［M］.上海：上海外语教育出版社，1996.

［58］束定芳.外语教师与科研［J］.国外外语教学，2002（1）：1-5.

［59］束定芳.外语教学改革［M］.上海：上海外语教学出版社，2004.

［60］宋伊雯，肖龙福.大学英语教学中国文化失语现状调查［J］.中国外语，2009，6（6）：88-92.

［61］宋云霞.中国英语教育中的文化教育与跨文化交际能力培养：观念与方法［M］.长春：吉林大学出版社，2020.

［62］粟高燕.论教育史学的人文价值及其实现［J］.湖北大学学报，2009（1）：131-135.

［63］孙有中.课程思政视角下的高校外语教材设计［J］，外语电化教学，2020（6）：46-51.

［64］陶霄.我国高校英语教育中文化失语现象探析［J］.山西师大学报（社会科学版）研究生论文专刊，2014（11）：216-217.

［65］王关富，张海森.商务英语学科建设中的教师能力要素研究［J］.外语界，2011（6）：15-21.

［66］王立非，葛海玲.论"国家标准"指导下的商务英语教师专

业能力〔J〕.外语界，2016（6）：16-22.

〔67〕王立非，葛海玲.我国英语类专业的素质、知识、能力共核及差异：国家标准解读〔J〕.外语界，2015（5）：2-9.

〔68〕王立非，金钰钰.《普通高等学校外国语言文学类专业本科教学质量国家标准》指引下商务英语教师专业核心素养阐释〔J〕.外语电化教学，2019（8）：61-66.

〔69〕王立非，张斐瑞.论"商务英语专业国家标准"的学科理论基础〔J〕.中国外语，2015（1）：13-18.

〔70〕王守元，刘振前.隐喻与文化教学〔J〕.外语教学，2003（1）：48-53.

〔71〕文秋芳.英语口语测试与教学〔M〕.上海：上海外语教育出版社，1999.

〔72〕吴岩.中国高校更应超前识变、积极应变、主动求变〔J/OL〕.〔2019-04-10〕.http：// education.news.cn/2019-04/10/c_1210104580.htm.

〔73〕武建萍，苏雪梅.商务英语专业学生"中国文化失语症"问题研究〔J〕.中国民族博览，2020（12）：126-127.

〔74〕许爱军.高年级精读课与文化教学〔J〕.国际关系学院学报，1999（1）：20-25.

〔75〕许国璋.词汇的文化内涵与英语教学〔J〕.现代外语，1980（4）：19-24.

〔76〕许克琪."双语教学"热中应关注中华民族文化遗失问题〔J〕.外语教学，2004（3）：86-89.

〔77〕许力生.跨文化的交际能力问题探讨〔J〕.外语与外语教学，2000（7）：17-21.

〔78〕杨俊峰.文学在外语教学中的地位与作用〔J〕.外语与外语教学，2002（5）：31-33.

〔79〕英专教学指导分委员会.普通高校本科外国语言文学类专业教学指南：上〔M〕.北京：外语教育与研究出版社，2020.

〔80〕虞跃，魏晓红.文化软实力提升视阈下大学英语教学中的母语文化问题研究〔J〕.四川农业大学学报，2017（1）：134-138.

〔81〕张岱年，方克立.中国文化概论〔M〕.北京：北京师范大学出版社，2004.

〔82〕张岂之.中华文化的会通精神〔M〕.长春：长春出版社，2016.

［83］张岂之.中华优秀传统文化的核心理念［M］.南京：江苏人民出版社，2016.

［84］张为民，朱红梅.大学英语教学中的中国文化［J］.清华大学教育研究，2002（1）：34-40.

［85］赵厚宪，赵霞.论文化教学原则［J］.外语教学，2002（5）：73-77.

［86］中共教育部党组.《高校思想政治工作质量提升工程实施纲要》［EB/OL］.［2017-12-05］.http：//www.moe.gov.cn/srcsite/A12/s7060/201712/t 20171206_320698.html.

［87］中共中央办公厅国务院办公厅印发《关于实施中华优秀传统文化传承发展工程的意见》［J］.中华人民共和国国务院公报，2017（6）：6.

［88］中共中央关于党的百年奋斗重大成就和历史经验的决议［M］.北京：人民出版社，2021.

［89］中共中央国务院关于全面深化新时代教师队伍建设改革的意见［N］.人民日报，2018-02-01（001）.

［90］中国社科院语言所.现代汉语词典［M］.北京：商务印书馆，2019.

［91］中华人民共和国教育部.教育部关于印发《中小学教材管理办法》《职业院校教材管理办法》和《普通高等学校教材管理办法》的通知［EBIOL］.［2019-12-19］.http：//www.moe.gov.cn/srcsite/A26/moe_714/202001/t20200107_414578.html.

［92］钟敬文.民俗学概论［M］.上海：上海文艺出版社，1998.

［93］钟良弼.从"蟋蟀"和"杜鹃"看词语的文化传统［J］.外语教学与研究，1991（1）：7-12.

［94］周岐晖，陈刚.高校英语教学中的母语文化缺失现状调查及应对策略［J］.外国语文（双月刊），2015（4）：139-145.

［95］周晔昊，李尔洁.从"中国文化失语症"反思商务英语教学：也谈商务英语专业学生的中国文化意识培养［J］.考试与评价（大学英语教研版），2016（2）：3-6.

［96］祝畹瑾.社会语言学概论［M］.长沙：湖南教育出版社，1992.

［97］邹振环.十九世纪下半期上海的"英语热"与早期英语读本及其影响［J］.档案与史学，2002（8）：41-47.

附　　录

附录一　中国文化基础知识及其英语表达能力测试题及答案

1.中国有一个传统习俗，农历腊月二十三日或二十四日要过"小年"，通常人们要吃：B

    A.元宵   B.饴糖

    C.腊八粥   D.饺子

2.中华民族的摇篮是：C

    A.黑龙江流域   B.松花江流域

    C.黄河流域   D.长江流域

3."一日不见，如隔三秋"里的"三秋"是指：C

    A.三个月   B.三年

    C.三个季度   D.三十年

4.人们常说的"鸿雁传书"源自以下哪个历史故事？C

    A.文姬归汉   B.霸王别姬

    C.苏武牧羊   D.楚汉相争

5.下列不属于我国四大传说故事的是：D

    A.《牛郎织女》   B.《孟姜女》

    C.《白蛇传》   D.《山海经》

6. 下列不属于中医的"五术"的是？ D

A. 山   B. 医

C. 命   D. 坤

7. 李清照是我国历史上杰出的女词人，她中年以后作品的突出特点是：A

A. 怀念中原故土，渗透了忧伤的感情。

B. 着重揭露封建统治的腐朽和黑暗。

C. 着重表达豪迈奔放的思想感情。

D. 反映市民生活面貌，具有浓厚的市民气息。

8. 古代地理中划分阴阳有一套理论，其中表述山川河流的"阴"是指：B

A. 山南水北   B. 山北水南

C. 山南水南   D. 山北水北

9. 古代音律分为五音，其前后顺序是：C

A. 宫、羽、角、商、徵   B. 宫、商、徵、角、羽

C. 宫、商、角、徵、羽   D. 宫、羽、商、角、徵

10. 全部是浙江省的瓷窑是：A

A. 瓯窑、余杭窑、婺州窑、龙泉窑

B. 武义窑、龙泉窑、余杭窑、临汝窑

C. 瓯窑、婺州窑、德清窑、德化窑

D. 余杭窑、龙泉窑、临汝窑、德清窑

11. 以下哪种菜系不属于中国八大菜系之列：B

A. 浙菜   B. 鄂菜

C. 闽菜   D. 徽菜

12. 古代中国画的一个重要特征是：A

A. 注重线的作用   B. 注重光的作用

C. 注重色的作用   D. 重视材料的运用

13. 中国古代称戏曲演员为"梨园子弟"，"梨园子弟"的称号出自哪个朝代：C

    A. 宋朝　　　　　　　　　　　B. 元朝

    C. 唐朝　　　　　　　　　　　D. 清朝

14. "豆蔻"是指女子（　）岁，"弱冠"是指男子（　）岁。A

    A. 十三岁、二十岁　　　　　　B. 十三岁、十六岁

    C. 十五岁、十二岁　　　　　　D. 十六岁、十三岁

15. 下列名句出处对应都正确的一项是：C

    ①方今天下，舍我其谁。　　　②朝闻道，夕死可矣。

    ③吾生也有涯，而知也无涯。　④九层之台，起于累土。

    A. 孔子孟子老子庄子　　　　　B. 孟子孔子老子庄子

    C. 孟子孔子庄子老子　　　　　D. 孔子孟子庄子老子

16. 韩非子的法治思想主要强调什么相结合：B

    A. 道、术、势　　　　　　　　B. 法、术、势

    C. 道、法、势　　　　　　　　D. 道、法、师

17. 唐朝文宗御封的"三绝"指的是李白的诗歌、张旭的草书和：A

    A. 裴旻的剑舞　　　　　　　　B. 公孙大娘的舞蹈

    C. 吴道子的画　　　　　　　　D. 郑板桥的竹

18. 十三经是历史上十三部儒家经典的总称，分别是《诗经》《尚书》《周礼》《仪礼》《礼记》《周易》《左传》《公羊传》《谷梁传》《论语》《尔雅》《孝经》《孟子》。十三经由汉代的五经逐渐发展而来，最终形成于什么时期？C

    A. 唐朝　　　　　　　　　　　B. 五代

    C. 南宋　　　　　　　　　　　D. 明朝

19. 中国文学史上有"魏晋人物晚唐诗"的说法，魏晋人物的风度一直为后世人企慕。魏晋是士大夫的时代，士大夫们崇尚清谈，清谈便成为一种社会风气，而清谈又立足于三部著作，它们被称为"三玄"，请问"三玄"是指：A

A.《老子》《庄子》《周易》

B.《太玄》《离骚》《庄子》

C.《论语》《周易》《老子》

D.《太玄》《庄子》《老子》

20. 中国人常说"五福临门"，下面哪一项属于"五福"：A
A. 品德高尚   B. 子孙成群
C. 儿孙孝顺   D. 知识丰富

21. 傣族建造竹筒楼的原因不包括以下哪个原因？ D
A. 防蛇   B. 防热
C. 防潮   D. 防洪

22. 下列哪个乐曲不是十大古代名曲之一？ D
A.《高山流水》   B.《阳春映雪》
C.《梅花三弄》   D.《汉宫秋月》

23.《诗经》中的诗歌共分为"风""雅""颂"三类，其中属于民间歌谣的是：B
A. 大雅   B. 国风
C. 小雅   D. 颂

24. 孟子说："君子有三乐"，下列哪项不在其"三乐"之列？ C
A. 父母俱存，兄弟无故。   B. 仰不愧于天，俯不作于人。
C. 乡人无不称其善也。   D. 得天下英才而教育之。

25. 科举制在中国影响深远，乡试录取者称为"举人"，会试录取者称为"贡生"，那么殿试录取者称为：C
A."大元"   B."解元"
C."进士"   D."榜眼"

26. 将以下这段文字翻译成英文。

《论语》是儒家学派的经典著作之一，该书记录了孔子及其弟子的言行，传授儒家的主要思想：仁、义、礼、智，其中仁是儒家的核心价值观。

仁是指爱父母和敬长兄，如果这种对家庭成员的情感伸延到社会的其他人身上，人与人之间和睦关系也就建立起来了。

The Analects were one of the Confucian classics. The book records the sayings and behaviors of Confucius and his disciples. It teaches the central theme of Confucianism including humaneness, righteousness, propriety, and wisdom, of which humaneness is Confucius' kernel value. Humaneness is taken as love for parents and respect for elder brothers. If the feelings for family members are extended to other people in the society, harmonious relationships among individuals will be built up.

27. 将以下这段文字翻译成英文。

中国菜享誉世界，是世界美食的明珠，并被推崇为全球最为健康的食物。菜系繁多，烹饪方法也不尽相同。其四大要素——色、形、香、味，决定了菜的好坏，是判断其水平的标准。中国东北菜的口味变化多端，色彩丰富，造型美观；而南方菜的特点是口味清淡、颜色亮丽，则保留了食材的原始味道。

Chinese cuisine, as a pearl of world cuisine, is famous and recommended as the healthiest food in the world. It has various cooking styles and its cooking techniques are also diverse. Chinese cuisine features four elements — color, shape, aroma and taste, which decide how good it is and they are the criteria of judging its quality. Northeastern Chinese cuisine's taste features varied taste, rich color and beautiful shape. While in the southern China, the food features light taste, bright color and remains the original flavor of the food materials.

附录二　商务英语专业学生中国文化失语现象调查问卷（学生用）

亲爱的同学，您好！本问卷旨在了解商务英语专业大学生中国文化教学的现状及您对用英语表达中国文化的态度。请仔细阅读，并根据实际情况选出对应的选项，请自由表达您的观点。相关内容只作为科研参考，答卷者不必填写姓名。感谢您的支持与合作！

1. 您的年级是：

A.2022 级　　　　　　　　　　B.2021 级

C.2020 级　　　　　　　　　　D.2019 级

2. 您感觉在完成前一份测试卷时有困难吗？

A. 难度很大，我觉得没有必要学习和掌握这些文化知识。

B. 难度较大，我不了解有些文化知识，很多单词也不会写，我不知道如何用英语表达这些文化内容。

C. 难度较小，虽然很多单词不会写，但借助于词典可以很好地表达这些文化内容。

D. 基本没有困难，我能较好地掌握相关文化知识及其英文表达。

3. 您认为自己能用英语准确流畅地表达中国文化吗？

A. 有很大困难　　　　　　　　B. 有一定困难

C. 几乎没有困难

4. 您认为阻碍自己用英语表达中国文化的因素有哪些？

A. 词汇量不够　　　　　　　　B. 翻译技巧和翻译能力有限

C. 中国文化基础知识储备较少　D. 对中国文化不感兴趣

E. 老师上课不教　　　　　　　F. 考试不考

G. 学业压力大，没有时间学习中国文化的相关知识

H. 其他：＿＿＿＿＿＿＿＿＿＿＿＿＿＿

5. 您认为在商务英语课堂教学中有学习中国文化知识的必要性吗?

A. 有必要　　　　　　　　　B. 依照具体情况

C. 无所谓　　　　　　　　　D. 没有必要

6. 您认为商务英语专业学生在商务英语课堂上学习中国传统文化知识,对商务英语专业学习有促进作用吗?

A. 是的　　　　　　　　　　B. 有时会有

C. 作用并不明显　　　　　　D. 没有什么作用

7. 您认为作为商务英语专业学生,有对外传播中国优秀传统文化的义务和责任吗?

A. 有　　　　　　　　　　　B. 没有

C. 无所谓　　　　　　　　　D. 不知道

8. 您学习商务英语的目的是:

A. 提高英语水平,为今后到外资企业、外贸企业、涉外机构、旅游、翻译等工作单位从事相关的商务工作做准备。

B. 作为一种工具,通过各种考试,找个好工作,获得更好的薪酬。

C. 喜欢英语,可以扩大交际圈,与来自世界不同文化背景的人沟通交流。

D. 用英语传播中国文化,用英语讲中国故事,让世界了解中国。

E. 其他: _____

9. 商务英语教学过程中,课程主讲老师是否重视文化教学?

A. 非常重视　　　　　　　　B. 比较重视

C. 一般　　　　　　　　　　D. 不重视

10. 在商务英语学习中是否经常涉及西方文化的知识?

A. 经常　　　　　　　　　　B. 有时

C. 偶尔　　　　　　　　　　D. 几乎没有

11. 在商务英语专业课堂,课程主讲老师一般通过什么方式讲解西方文化?

A. 学校有专门的英美文化课程

B. 老师会在课堂上介绍和补充教材涉及的文化内容

C. 老师会将西方文化与中国文化进行对比，通过中西对比进行讲解

D. 学校有举办相关的西方文化讲座

E. 老师在课堂上很少讲解西方文化

12. 在商务英语的学习中，是否经常涉及中国文化的内容？

A. 经常   B. 有时

C. 偶尔   D. 几乎没有

13. 在商务英语专业课堂，课程主讲老师通常如何介绍中国文化？

A. 选修课   B. 与西方文化比较讲解

C. 随意介绍   D. 其他

14. 您认为你们学校所使用的商务英语教材中是否含有足够的西方文化？

A. 非常丰富   B. 有一定涉及

C. 偶尔出现   D. 几乎没有

15. 您认为你们学校所使用的商务英语教材中是否含有足够的中国文化？

A. 非常丰富   B. 有一定涉及

C. 偶尔出现   D. 几乎没有

16. 商务英语专业课老师是否在上课时给同学们推荐过有关中国文化的英语资料？

A. 有过，很多   B. 有过，很少

C. 没有

17. 您在课下是否经常阅读或观看有关西方文化的英文资料？

A. 经常   B. 有时

C. 很少，资料有限   D. 没有

18. 您对于中国传统文化：

A. 非常感兴趣   B. 比较感兴趣

C. 只对少数内容感兴趣　　　　　D. 不感兴趣

19. 您在课下是否经常阅读或观看有关中国文化的英语资料?
A. 经常　　　　　　　　　　B. 有时
C. 很少，资料有限　　　　　D. 没有

20. 您能从何种途径以英语形式了解到中国文化?
A. 英语课本和课堂上老师讲授
B. 英语杂志、报纸
C. 原声电影、电视、广播
D. 网络及手机应用软件
E. 参加课外学科竞赛或者相关实践活动

21. 您认为有没有必要培养商务英语专业学生的中国文化英语表达能力?
A. 十分必要　　　　　　　　B. 有必要
C. 无所谓　　　　　　　　　D. 没有必要

附录三　商务英语专业学生中国文化失语现象调查问卷（教师用）

尊敬的老师，您好！本卷旨在了解商务英语专业大学生中国文化教学的现状及您对用英语表达中国文化的态度。请仔细阅读，并根据实际情况选出对应的选项，请自由表达您的观点。感谢您的支持与合作！

1. 您认为自己能用英语准确流畅地表达中国文化吗？
A. 有很大困难　　　　　　　　B. 有一定困难
C. 没有困难

2. 您认为在商务英语课堂教学中有无融入中国文化的必要性？
A. 十分必要　　　　　　　　　B. 有必要
C. 无所谓　　　　　　　　　　D. 没有必要

3. 您认为商务英语专业学生在商务英语课堂上学习中国传统文化知识，对商务英语教学有促进作用吗？
A. 有促进作用　　　　　　　　B. 有时会有促进作用
C. 作用并不明显　　　　　　　D. 没有什么作用

4. 您认为商务英语专业学生有对外传播中国优秀传统文化的义务和责任吗？
A. 有　　　　　　　　　　　　B. 没有
C. 无所谓

5. 您是否关注商务英语课堂教学中的母语文化教学？
A. 很关注　　　　　　　　　　B. 比较关注
C. 一般　　　　　　　　　　　D. 不关注

6. 您认为商务英语专业学生用英语表达中国文化的能力和水平如何？

    A. 较好　　　　　　　　　　B. 一般

    C. 不好　　　　　　　　　　D. 很不好

7. 您认为阻碍学生用英语表达中国文化的因素有哪些？

    A. 词汇量不够　　　　　　　B. 翻译技巧和翻译能力有限

    C. 中国文化基础知识储备较少　D. 对中国文化的兴趣不浓厚

    E. 老师上课不教　　　　　　F. 考试不考

    G. 其他：_____

8. 您认为在商务英语教材中，中国文化和西方文化设置的合理比例为：

    A.0：10　　　　　　　　　B.2：8

    C.3：7　　　　　　　　　　D.4：6

    E.5：5　　　　　　　　　　F.6：4

9. 您认为商务英语专业的教学要达到什么目标？

10. 您对目前商务英语专业教学中的中国文化教学有什么意见和建议？